Nachhaltigkeit kommunizieren

Studentische Analysen
strategischer Kommunikation

herausgegeben von

Christoph Raetzsch
Josefine Liesfeld
Vera Scheunert
Sina Thäsler-Kordonouri

Social Science Open Access Repository (SSOAR),
Berlin / BoD, Norderstedt © 2017

Bibliographische Information der Deutschen Nationalbibliothek: Die Deutsche Nationalbibliothek verzeichnet diese Publikation in der Deutschen Nationalbibliografie; detaillierte bibliografische Daten sind im Internet über http://dnb.de abrufbar.

© 2017 Christoph Raetzsch, Josefine Liesfeld, Vera Scheunert, Sina Thäsler-Kordonouri
Herstellung und Verlag: BoD – Books on Demand, Norderstedt.
ISBN: 9783746017716

Social Science Open Access Repository (SSOAR)
Berlin / BoD Norderstedt

Persistent Identifier (PID)
http://nbn-resolving.de/urn:nbn:de:0168-ssoar-54493-5

Titelbild
https://static.pexels.com/photos/26559/pexels-photo-26559-medium.jpg
Creative Commons Zero (CC0) Lizenz
https://creativecommons.org/publicdomain/zero/1.0/

Rückseite
Dome of Visions (Aarhus, Dänemark) © C.Raetzsch

Mit freundlicher Unterstützung von:
Freunde der Publizistik e.V.

Inhaltsverzeichnis

Einleitung[1]

Der Begriff der Nachhaltigkeit ist in den letzten Jahren zu einem zentralen Schlagwort in fast allen gesellschaftlichen Bereichen geworden. Die Bandbreite reicht von nachhaltiger Energieerzeugung und Umweltschutz, zu nachhaltigem Wachstum der Wirtschaft, zu nachhaltiger Kommunikation und Bildung, um nur einige exemplarische Kontexte zu nennen. Weil der Begriff durchweg positiv besetzt ist, dabei aber schwach definiert, wird er oft auch schlicht als Hülse oder Füllwort benutzt. In der strategischen Kommunikation von Unternehmen oder Organisationen findet sich dieser Begriff häufig, wenn es um Fragen der zukünftigen Entwicklung geht, die naturgemäß schwer vorherzusehen sind, trotzdem aber bereits heute angesprochen oder behandelt werden sollen.

Wenn es eine allgemeine Bedeutung des Begriffs Nachhaltigkeit gibt, dann vielleicht am ehesten die, dass heutiges Handeln (in Wirtschaft, Gesellschaft und Politik) für folgende Generationen Konsequenzen hat, und dass man die Auseinandersetzung mit diesen Konsequenzen nicht erst den folgenden Generationen überlässt, sondern bereits heute aktiv an der Sicherstellung gemeinsamer Ressourcen der Gesellschaft arbeitet. Nimmt man diese langfristige Perspektive als Maßstab des heutigen Handelns ein, ergibt sich daraus eine Verantwortung die weit über die Lösung unmittelbarer, naheliegender Probleme hinaus geht. Eindrücklich wird diese Verantwortung an

---

[1] Die Einleitung wurde von den Herausgeber_innen unter Verwendung von Beiträgen aller Autor_innen zusammengestellt und verfasst. Darüberhinaus wurden Beiträge von Laurence Stroedter, Christin Spormann und Laurin Snigula verwendet.

dem sogenannten „Erdüberlastungstag", einem rechnerischen Modell nach dem alle erneuerbaren Ressourcen für das Leben der Menschen auf der Welt aufgebraucht sind. Im Jahr 2017 war dieser rechnerische Tag bereits am 2. August.[2] Ab dem 3. August lebte die Welt also wieder auf Kredit, den sie sich bei den natürlichen Ressourcen und zukünftigen Generationen holte - ohne ein Versprechen auf Rückzahlung einzugehen.

Der Widerspruch zwischen einer kurzfristigen und langfristigen Auffassung von Nachhaltigkeit lässt sich eindrücklich anhand der Statements der Europäischen Union und der Vereinigten Staaten von Amerika, vertreten durch ihren Präsidenten Donald Trump, im Kontext des G20 Gipfels in Hamburg verstehen. Auf einer Pressekonferenz des Gipfels am 7. Juli 2017 erklärte der Präsident der Europäischen Kommission Jean-Claude Juncker:

> Was wir heute für den Klimaschutz tun, beugt den Ursachen von morgen vor. Was wir heute unterlassen, beschleunigt Flucht aus den von Trockenheit betroffenen Gebieten. Insofern muss das Thema Klimawandel hier mit aller Intensität und aller Ernsthaftigkeit betrieben werden. Es ist das große Zukunftsthema und dafür muss Europa sich einbringen. (4:40-5:05)[3]

In ähnlicher Weise hatte sich die Europäische Kommission zu den Folgen des Pariser Klimaschutzabkommens geäußert. Mit den gemeinsamen, globalen und verbindlichen Absprachen zu mehr Klimaschutz sind in

---

[2] Germanwatch e.V (27.07.2017) „Erdüberlastungstag" https://germanwatch.org/overshoot

[3] Phoenix (2017) "G20 Gipfel: Pressekonferenz mit Jean-Claude Juncker und Donald Tusk am 07.07.17" 7. Juli 2017.

dieser Stellungnahme auch ökonomische und soziale Vorteile explizit verknüpft.

Bemerkenswert an diesem Zitat ist die Dringlichkeit („a last chance"), mit der mehr Klimaschutz im Sinne von Nachhaltigkeit gefordert wird. Gleichzeitig werden Gesundheit, soziale Gerechtigkeit und Wohlstand als Ziele dieser Entwicklung zusammengebracht. Neben der Umstellung auf erneuerbare Energien wird dabei explizit ein Wandel im Investitions- und Wirtschaftshandeln gefordert, der von einem Denken in kurzfristigen Gewinnen abrückt, und Nachhaltigkeitsaspekte in die Gewinnrechnung mit einbezieht.

Gegenüber diesem von der Europäischen Kommission vertretenen Ansatz zu Nachhaltigkeit lesen sich die Ankündigungen des amerikanischen Präsidenten als unmittelbare Abkehr von internationalen Vereinbarungen und als Ankündigung eines wirtschaftlichen Protektionismus, der vor allem mit etablierten Energieträgern und Wirt-

---

[4] Europäische Kommission (2016). "The Road from Paris: assessing the implications of the Paris Agreement and accompanying the proposal for a Council decision on the signing, on behalf of the European Union, of the Paris agreement adopted under the United Nations Framework Convention on Climate Change". S. 2.

schaftskonzepten neue Jobs schaffen will. Im Vorfeld des Gipfels in Hamburg hatte Trump den Ausstieg der USA aus dem Pariser Klimaschutzabkommen angekündigt. In einer Rechtfertigung dieses Schrittes, sprach er in seiner wöchentlichen Ansprache von einem „einseitigen Paris Abkommen", das anderen Staaten vor allem erlaube, Vorteile aus den USA zu ziehen. Stattdessen wolle Trump sich wieder auf die eigenen Ressourcen verlassen und „mit amerikanischem Eisen, Aluminium und Stahl"[5] neue Jobs schaffen. Dazu heißt es in seiner Ansprache etwas ausführlicher:

> The American People will finally be allowed to tap into the vast energy wealth sitting right beneath our feet or right below our shores. We have also sent a clear message to the world that we will not allow other nations to take advantage of us any longer. That's why I withdrew from the one-sided Paris Climate Accord, and believe me, it was one-sided, not a good deal for our country.[6]

Ähnlich protektionistisch liest sich der „America First Energy Plan", den die Trump Administration aufgestellt hat. Darin ist einerseits vom Hindernis der „Regulierung der Energieindustrie" die Rede, wie auch ein Bekenntnis zum Fracking und einer 'sauberen Kohletechnologie', alles mit dem Ziel ,Arbeit und Wohlstand für Millionen Amerikaner' zu schaffen und sich vom ,OPEC Kartell', wie Trump es nennt, loszulösen. Natürlich ist auch der Schutz der Umwelt dabei von Bedeutung („responsible stewardship of the environment").[7] Ähnlich äussert sich Scott Pruitt, Leiter der amerikanischen Umweltschutzbehörde (EPA),

---

5 The White House. (2017) "07/07/17 Weekly Address." (1:17-1:22).

6 ebd., (1:32-1:59).

7 The White House. (ohne Datum) „An America First Energy Plan"

indem er betont, der Rest der Welt solle dem amerikanischen Beispiel folgen und vor allem durch innovative Technologien *aus den USA* die Treibhausgasemissionen reduzieren.[8] Im Rahmen seiner ‚persönlichen Meinung‘ bestreitet Pruitt jedoch, dass Treibhausgase der Hauptgrund für die globale Erwärmung seien.[9]

Wir sehen an diesem transatlantischen Schlagabtausch, dass die Debatte um Nachhaltigkeit vor allem etablierte Vorstellungen von Wachstum, Wohlstand und Gerechtigkeit aufwirft. Sich mit Nachhaltigkeit zu beschäftigen, heißt also auch darüber nachzudenken, wie ökonomische, soziale und ökologische Werte gemeinsam in gesellschaftliche Entscheidungen einfließen sollen und können. Man kann sich diesen Wertewandel als grundsätzlich unterschiedliche Ansätze für wirtschaftliches Handeln vorstellen, aus dem sich neue Herausforderungen für ökologische Rücksicht und soziale Gerechtigkeit ergeben.

Zu Beginn der industriellen Revolution im 19. Jahrhundert wurden Kohle, Eisenerz und Holz einfach als Rohstoffe betrachtet, die die Natur (oder die Geologie der Erde) bereitstellte. Durch den Abbau dieser Rohstoffe konnten neue Produkte hergestellt werden, es entstanden neue Infrastrukturen und Industrien: Ganze Gesellschaften wurden durch die industrielle Revolution ökonomisch und sozial fundamental umstrukturiert. Die Kosten dieses Ab-

---

[8] „Administrator Scott Pruitt Speech On Paris Accord, As Prepared" (1.6.2017) https://www.epa.gov/speeches/administrator-scott-pruitt-speech-paris-accord-prepared

[9] DiChristopher, Tom (3.8.2017). „EPA chief Scott Pruitt can publicly downplay CO2's role in global warming, EPA panel concludes" *CNBC.com*, https://www.cnbc.com/2017/08/03/epas-scott-pruitt-can-deny-co2-role-in-global-warming-epa-panel-says.html.

baus wurden rein ökonomisch berechnet, nicht in ihren Langzeitfolgen oder unmittelbaren sozialen Konsequenzen. Die Ausbeutung der Natur als Rohstoff menschlicher Produktion wurde als verhältnismäßig kleines Opfer gegenüber dem gesellschaftlichen Gewinn massenhafter Produktion und wachsendem Wohlstand angesehen. Den Zusammenhang zwischen dieser „Befreiung" der Natur als Rohstoff von Produktion und der Schaffung des modernen, konsumierenden Menschen hat der französische Soziologe Jean Baudrillard in seinem Buch „Der Spiegel der Produktion [*Le Miroir de la Production*]" 1973, sehr treffend und ironisch auf den Punkt gebracht.

„(F)ace à la Nature «libérée» comme force productive, l'individu se retrouve «libéré» comme force de travail."

[Gegenüber der als Produktivkraft ‚befreiten' Natur, findet sich das Individuum wieder, ‚freigesetzt' als Arbeitskraft.][10]

Diese zugespitze Formulierung Baudrillards bringt die spezifisch moderne Abhängigkeit von Natur, Wirtschaft und Gesellschaft sehr treffend auf den Punkt. Durch die Ausbeutung der Natur und der Arbeitskraft der Menschen entfaltet sich die industrielle Produktion in einem bis dahin nicht gesehenen Maße. Durch ständig gesteigerte Produktion wird auch der Konsum (im Wortsinne von Verbrauch) angetrieben. Produktion und Konsum schaffen gemeinsam stetig neuen Bedarf, der wieder und wieder bedient wird, ohne scheinbar je erschöpft (oder befriedigt)

---

[10] Jean Baudrillard (1973). *Le Mirror de la production*. Tournai: Casterman. S. 42 Siehe auch Christoph Raetzsch (2009). Wider die Simulation: Medien und Symbolischer Tausch. Revisionen zum Frühwerk Jean Baudrillards. Berlin: Verlag der Technischen Universität Berlin. S. 44f.; 81f.

zu sein. Wenn wir über Nachhaltigkeit sprechen, stellen wir dieses etablierte Verhältnis in Frage, indem wir nach mehr als ökonomischen Kriterien die Folgen unseres Handelns für die Zukunft betrachten.

Wie unterschiedlich diese Betrachtung erfolgen kann, zeigen die in diesem Band versammelten Analysen von Studierenden zur strategischen Kommunikation gesellschaftlicher Akteure (Unternehmen, NGO's, Interessenverbände). Diese Analysen sollen dazu beitragen, die unterschiedlichen gesellschaftlichen, politischen und sozialen Auffassungen von Nachhaltigkeit anhand von strategischer Kommunikation deutlich zu machen. Sie sollen ein Verständnis für die spezifischen Gründe ermöglichen, warum einzelne Akteure Nachhaltigkeit unterstützen oder ablehnen. Im Einzelnen soll über die Analyse der Kommunikation deutlich werden, wie bestimmte Bezugsgruppen der Akteure für das Thema sensibilisiert (oder sogar begeistert) werden können oder warum Nachhaltigkeit nur in sehr begrenztem Maße das eigene Handeln bestimmt. Anschließend an diese einleitenden Bemerkungen nähern wir uns dem Begriff der Nachhaltigkeit zunächst über zwei relativ unabhängige und entgegengesetzte Auffassungen.

Zwei Verständnisse von Nachhaltigkeit

Nachhaltigkeit kann sehr umfassend gedacht werden, wie sich am Beispiel der Permakultur zeigen lässt. Die Idee der Permakultur wendet sich zunächst von der industriellen, auf Größe und Effizienz hin orientierten, Landwirtschaft ab und zielt auf einen schonenden Umgang mit natürlichen Rohstoffen. Gleichzeitig soll durch das Beobachten von natürlichen und sozialen Prozessen ein tieferes Verständnis für die Zusammenhänge und Abhängigkeiten einzelner Prozesse voneinander entwickelt werden. In diesem Sinn geht Permakultur über die rein landwirtschaftliche Dimension hinaus.[11] Anhand des Permakulturgartens lässt sich sehr eindrücklich nachvollziehen, wie die Erzeugung von Lebensmitteln zur Eigenversorgung, aber auch der lokalen Belieferung von Abnehmern, nachhaltig gestaltet werden kann.

Nachhaltigkeit in Permakultur heißt, dass der Einfluss und Eingriff des Menschen in natürliche Prozesse minimal sein soll: Es soll im Idealfall nicht mehr aus dem Kreislauf der Natur genommen werden, als ihm zugefügt wird. Dazu lassen sich beispielsweise Lagepläne für Wohnräume und Landbau in Zonen unterteilen, in denen unterschiedlich stark in natürliche Prozesse eingegriffen wird bzw. diese durch den Menschen eher moderiert werden.

---

[11] http://permakultur-info.de/permakultur/

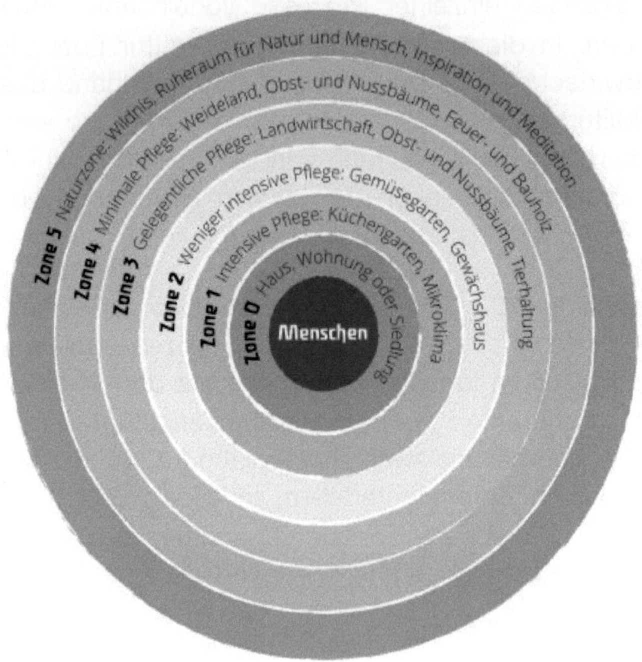

Abb. 1: Permakultur Zonen
(Quelle: https://upload.wikimedia.org/wikipedia/commons/
7/70/Permakultur-Zonen.svg. Bereitgestellt von Felix Müller
und geteilt unter der Lizenz CC BY-SA 4.0)

So entstehen keine „Abfälle" sondern alle Materialien
werden wieder dem Kreislauf zugeführt: Bäume und
Sträucher bieten gleichzeitig Schatten für andere Pflanzen
wie auch Lebensraum für Insekten und Vögel. Die
Früchte, das Laub und Holz werden vom Menschen
genutzt. Wasser wird möglichst sparsam eingesetzt und
möglichst vielen Verwendungen zugeführt. Der Gedanke
der Permakultur geht von einer grundlegenden Umgestaltung landwirtschaftlicher Produktion hin zu lokaler Erzeu-

gung und Vertrieb aus, was den *Abbau* von Ressourcen für zukünftige Generationen verhindern soll, wie dies z.B. bei der einmaligen Verwendung fossiler Energieträger der Fall ist. Kohle die einmal verbrannt ist, steht nicht mehr für die nächsten Generationen zur Verfügung. Anhand der Idee der Permakultur wird deutlich, wie individuelles Handeln heute *nachhaltige* Konsequenzen für soziale und politi-sche Prozesse in der Zukunft hat (im Positiven wie Negativen). Wer Nachhaltigkeit in diesem grundlegenden Sinn versteht, stellt auch andere Ansprüche an die Beachtung und Wahrnehmung sozialer Gerechtigkeit, den Ressourcenschutz und die Prinzipien unseres Wirtschaftens allgemein. Permakultur mag als ein Beispiel von Nachhaltigkeit gesehen werden, das weit über den Umweltschutz hinaus geht, da sie die Grundlagen wirtschaftlichen Handelns neu auffasst und permanentes Wachstum durch immer höheren Verbrauch in Frage stellt.

Deutlich wird der Konflikt um den Begriff Nachhaltigkeit, wenn wir uns seiner Verwendung im Marketing bzw. der Unternehmenskommunikation zuwenden. Exemplarisch lassen sich hier zwei Argumentationen finden, die wir in einer Pressemitteilung der BMW Group aus dem Sommer 2017 nachvollziehen können. Ein Unternehmen kann sich selbst als nachhaltig ansehen, wenn es heute die Entscheidungen trifft, um auch in Zukunft Gewinne zu erwirtschaften, Mitarbeiter_innen zu beschäftigen und Steuern zu zahlen. So schreibt die BMW Group, ohne den Begriff „nachhaltig" zu benutzen.

Der Automobilmarkt sieht sich in einigen wichtigen Märkten Herausforderungen ausgesetzt. Deshalb verfolgt die BMW Group weiterhin ihre Strategie der global ausbalancierten Absatzverteilung für stabiles und profitables Wachstum.

Gerade weil stetiges Wachstum eines Unternehmens als gemeinschaftliches Ziel akzeptiert ist, lässt sich damit auch Nachhaltigkeit verbinden, die nicht vorwiegend auf Umweltschutz bezogen ist. Durch die Sicherstellung der zukünftigen Wachstumspotenziale handelt das Unternehmen in dem Sinn nachhaltig, stellt allerdings die Grundlagen einer wachstumsorientierten Entwicklung selbst nicht in Frage. Derselben Pressemitteilung fügt BMW nur eine standardisierte Erklärung zur eigenen unternehmerischen Verantwortung hinzu.

> Seit jeher sind langfristiges Denken und verantwortungsvolles Handeln die Grundlage des wirtschaftlichen Erfolges der BMW Group. Das Unternehmen hat ökologische und soziale Nachhaltigkeit entlang der gesamten Wertschöpfungskette, umfassende Produktverantwortung sowie ein klares Bekenntnis zur Schonung von Ressourcen fest in seiner Strategie verankert.[12]

Das Prinzip des Wachstums wird an sich nicht angetastet; die Verantwortung des Unternehmens liegt in der Schonung von natürlichen Ressourcen in allen Phasen der Produktion von Automobilen. Unter dem Begriff der Nachhaltigkeit lassen sich zugespitzt formuliert zwei verschiedene Auslegungen über die Grundlagen des Wirtschaftens zusammenbringen: Aus einer Perspektive kann in Frage gestellt werden, warum Automobile überhaupt massenhaft als individuelles Transportmittel benötigt und produziert werden. Aus einer anderen Per-

---

12 BMW Group (2017) "BMW Group erzielt besten Juni- und Halbjahresabsatz aller Zeiten" https://www.press.bmwgroup.com/deutschland/article/detail/T0272622DE/bmw-group-erzielt-besten-juni-und-halbjahresabsatz-aller-zeiten 12. Juli 2017.

spektive wird die Existenz von Autos und deren massenhafte, alltägliche Nutzung nicht mehr in Frage gestellt. Wohl aber wird hinterfragt wie der Antrieb und die Nutzung von Autos so gestaltet werden kann, dass negative Auswirkungen auf die Umwelt minimiert werden können, bspw. durch *eMobilität* oder *Carsharing*. Im ersten Fall wird eine Fundamentalkritik am expansiven Ressourcen*verbrauch* des Wirtschaftens geübt und nach alternativen Wegen gesucht. Im zweiten Fall werden die Grundlagen des Wirtschaftens und Wachstums an sich nicht hinterfragt, sondern innerhalb der bestehenden Bedingungen versucht, den Ressourcen*gebrauch* zu optimieren und für zukünftige Generationen Ressourcen zu erhalten. In die Gestaltung dieses Wachstums fließen nun auch rechtliche Auflagen zu Umweltfolgen (z.B. dem Emmissionshandel oder Schadstoffgrenzwerte) wie auch Erwartungen von Bürger_innen und Konsument_innen an nachhaltige und sozial gerechte Produkte und Dienstleistungen.

Für diesen Band legen wir keine eigene Definition des Begriffs Nachhaltigkeit vor. Vielmehr betrachten wir die sehr unterschiedlichen Bedeutungen als Punkte eines Spektrums in dem sich die öffentliche Diskussion um die gesellschaftliche Stellung von Nachhaltigkeit vollzieht. Statt hier für die eine oder andere Position Partei zu ergreifen, ist mit diesem Spektrum an Bedeutungen ein Raum umrissen, in dem sich verschiedene Positionen und Dimensionen von Nachhaltigkeit finden. Allerdings ist in den Vorbereitungen zu diesem Band auch sehr deutlich geworden, dass wir mit Nachhaltigkeit auch konkrete Erwartungen an belegbare Ergebnisse verknüpfen, gerade weil der Begriff oft phrasenhaft gebraucht wird. Vielleicht geht es in dieser Diskussion jedoch weniger um eine

Entscheidung für oder gegen ein bestimmtes Nachhaltigkeitsbild sondern darum, *wie* in so unterschiedlichen Bereichen wie der Bildung, der Landwirtschaft oder der Energieerzeugung Nachhaltigkeit als gemeinsames gesellschaftliches Ziel umgesetzt werden kann. Warum Nachhaltigkeit teils sehr normativ und teils nur als Lippenbekenntnis in die öffentliche Diskussion Einzug gehalten hat, wollen wir im folgenden Abschnitt kurz historisch darstellen.

Geschichte und Dimensionen von Nachhaltigkeit

Der Begriff Nachhaltigkeit kam im deutschen Sprachraum zum ersten Mal bereits im 18. Jahrhundert in der Forstwirtschaft auf.[13] Hans Carl von Carlowitz überlegte schon 1713 in seiner *Sylvicultura oeconomica* „…wie eine solche Konversation [i.S.v. Bewahrung, Anmerkung d. Hg.] und Anbau des Holzes anzustellen wäre, dass es eine kontinuierliche beständige und nachhaltige Nutzung gebe weil es eine unentbehrliche Sache ist ohne welche das Land in seinem Esse nicht bleiben mag".[14] Es sollte bei der Rodung von Wäldern darauf geachtet werden, dass pro Jahr nur so viele Bäume gefällt werden, wie auch im gleichen Zeitraum wieder nachwachsen können. Dabei tritt bereits einer der aktuellen Grundgedanken nachhaltigen Handelns hervor: Auch künftige Generationen sollen

---

[13] Eine detaillierte Übersicht über die verschiedenen historischen Verwendungen des Begriffs findet sich auf dem Portal https://www.nachhaltigkeit.info/ An dieser Stelle gehen wir daher nur auf die bekanntesten Beispiele ein.

[14] Carlowitz, Hans Carl von (1713): Sylvicultura oeconomica. Leipzig: Braun. S. 150

ohne Beschränkung ihrer Möglichkeiten durch die vorhergehenden Generationen leben können. Bei der Rodung von Wäldern müsse man daher „bedenken [...] wo ihre Nachkommen Holz hernehmen sollen."[15]

Auch in den Wirtschaftswissenschaften wurde vor allem der Natur als Ressource eine wesentliche Rolle zugewiesen. Der britische Philosoph und Ökonom John Stuart Mills (1806–1873) bezog in seiner Idee eines „stationären" Zustandes der Wirtschaft bzw. der Gesellschaft auch den Faktor des nur begrenzt vorhandenen Landes mit ein.

> §1. Land differs from the other elements of production, labour and capital, in not being susceptible of indefinite increase. Its extent is limited, and the extent of the more productive kinds of it more limited still. It is also evident that the quantity of produce capable of being raised on any given piece of land is not indefinite. This limited quantity of land, and limited productiveness of it, are the real limits to the increase of production.[16]

Der Faktor Land kann an dieser Stelle als Referenz auf Natur gewertet werden. Weder Land noch Natur können endlos produktiver gemacht werden, weshalb der schonende Umgang mit Ressourcen Teil wirtschaftlichen Handelns an sich sei. Neben Mills traten auch David Ricardo und Robert Malthus im 18. bzw. 19. Jahrhundert für einen langfristigen Erhalt des natürlichen Systems ein. Ihre The-

---

[15] ebd. S. 76

[16] Mills, J. S. (1848). „Of the Law of the Increase of Production from Land." Principles of Political Economy with some of their Applications to Social Philosophy. Band 1; Kapitel XII. William J. Ashley (Hg.) 1909. Library of Economics and Liberty (www.econlib.org)

orien bilden somit der Grundstein für nachhaltiges Denken und Handeln.

Auf die Gesamtwirtschaft wurde das Konzept der Nachhaltigkeit jedoch erst im 20. Jahrhundert übertragen. Nachhaltige Entwicklung, oder *Sustainable Development*, wird zum ersten Mal auf internationaler Ebene in der *World Conservation Strategy* als Ziel wirtschaftlichen Handelns genannt. Diese Strategie wurde von der International Union for Conservation of Nature (IUCN), dem Umweltprogramm der Vereinten Nationen (UNEP), dem Worldwide Fund for Nature (WWF) und der United Nations Educational, Scientific and Cultural Organization (UNESCO) im Jahr 1980 gemeinsam erarbeitet. In der Einleitung werden die Aufrechterhaltung der natürlichen ökologischen Prozesse, die Bewahrung einer genetischen Vielfalt sowie die Sicherstellung der nachhaltigen Entwicklung und Nutzung des Ökosystems als Ziele formuliert. Nachhaltige Entwicklung wird dort wie folgt definiert:

> Development is defined here as: the modification of the biosphere and the application of human, financial, living and not-living resources to satisfy human needs and improve the quality of human life. For development to be sustainable it must take account of social and ecological factors, as well as economic ones; of the living and non-living resource base; and of the long term as well as the short-term advantages and disadvantages of alternative actions.[17]

Im ersten Teil der Definition wird Entwicklung als Veränderung der Biosphäre bezeichnet, um die Lebensqualität der Menschen zu verbessern. Im zweiten Teil wird her-

---

[17] IUCN (1980) „World conservation strategy: Living resource conservation for sustainable development", S. 18.

ausgestellt, dass Entwicklung dann nachhaltig ist, wenn langfristige und kurzfristige Folgen des Handelns berücksichtigt werden.

Im Jahr 1983 gründeten die Vereinten Nationen die Brundtland-Kommission. Zum Ziel setzte sich die Kommission, Handlungsempfehlungen für eine dauerhaft nachhaltige Entwicklung zu erarbeiten. Die unabhängige Kommission für Umwelt und Entwicklung unter dem Vorsitz der namensgebenden norwegischen Ministerpräsidentin Gro Harlem Brundtland bestand aus 19 Vertretern aus 18 Ländern. Im Mittelpunkt ihrer Überlegungen standen drei Hauptaspekte: 1) Die internationale Zusammensetzung sollte eine globale Sicht auf Nachhaltigkeitskonzepte ermöglichen 2) Umwelt- und Entwicklungsaspekte sollten zusammen betrachtet werden, und 3) die Verknüpfung von Gerechtigkeit zwischen zukünftigen und gegenwärtigen Generationen sollte beachtet werden.[18] Sieben Jahre nach der Veröffentlichung der World Conversation Strategy wurde mit dem Abschlussbericht der Brundtland-Kommission unter dem wegweisenden Titel „Our Common Future" eine neue Definition von nachhaltiger Entwicklung vorgestellt.

Sustainable Development meets the needs of the present without compromising the ability of future generations to meet their own needs.[19]

Mit dieser Definition wird eine stark anthropozentrische Perspektive in die Diskussion eingebracht, da der Fokus

---

[18] vgl. Grunwald, Kopfmüller 2006: 21

[19] World Commission on Environment Development (1987) Unsere gemeinsame Zukunft: Der Brundtland-Bericht der Weltkommission für Umwelt und Entwicklung. herausgegeben von Volker Hauff (Ungekürzte Ausg.). Greven: Eggenkamp. S. 8.

auf die Befriedigung der Bedürfnisse zukünftiger Generationen gelegt wird. Um dies zu ermöglichen, ist ein umsichtiges Handeln mit endlichen Gütern essentiell. Der Bericht traf zwar auf breiten Zuspruch und wird auch heute noch vielfach zitiert, jedoch gab es ebenfalls berechtigte Kritik, insbesondere hinsichtlich der „Allgemeinheit der Formulierungen" und dem damit einhergehenden „geringe(n) Konkretisierungsgrad" in den Handlungsempfehlungen.[20]

Der sogenannte Erdgipfel beziehungsweise die UN-Konferenz für Umwelt und Entwicklung (UNCED) im Jahr 1992 stellt die wichtigste Implementierung des Nachhaltigkeitsgedankens in der Politik dar. 172 Staaten nahmen in Rio de Janeiro daran teil. Auf dieser Konferenz unterzeichneten die Teilnehmer eine Vereinbarung über Maßnahmen und Prinzipien zur Armutsbekämpfung, Bevölkerungspolitik sowie das Recht auf Entwicklung der so genannten Entwicklungsländer. Die Industriestaaten wurden als Hauptverantwortliche für die Umweltprobleme genannt und es wurde die Agenda 21 vorgestellt, ein umwelt- und entwicklungspolitisches Aktionsprogramm welches Maßnahmen, Instrumente und Ziele für die Umsetzung von Nachhaltigkeit in Entwicklungs- und Industrieländern vorgibt.

Um die Umsetzung der auf der Rio-Konferenz beschlossenen Ziele zu gewährleisten, wurden im Anschluss daran Folgeaktivitäten vereinbart. Auf diesen ersten Weltgipfel für nachhaltige Entwicklung folgte eine Serie von weiteren UN-Konferenzen sowie 2002 der zweite Weltgipfel für nachhaltige Entwicklung, auf dem erneut ein Aktionsplan

---

[20] Grunwald, Kopfmüller 2006: 21f.

beschlossen wurde, um Umweltschutz sowie Armutsbekämpfung voran zu treiben. Die Betreuung und Koordi-
nation auf globaler Ebene wurde der UN-Commission on
Sustainable Development übertragen.

Ein weiterer Meilenstein in der Nachhaltigkeitsdebatte
sind die Millenniumsziele welche im September 2000 ver-
abschiedet und bis 2015 umgesetzt werden sollten. Die
insgesamt acht Ziele umfassen folgende Punkte:

1. Extremen Hunger und Armut beseitigen,
2. Die Sicherstellung einer Grundbildung für alle,
3. Chancen- und Geschlechtergleichheit,
4. Die Reduktion von Kindersterblichkeit,
5. Verbesserung der Gesundheit von Müttern,
6. epidemische Krankheiten einschränken,
7. Sicherstellung ökologischer Nachhaltigkeit,
8. sowie eine globale Zusammenarbeit und Partner-
   schaft für Entwicklung erreichen[21]

Beim Millenniums-Gipfel 2010 stellte UN Generalsekretär
Ban Ki-moon fest, dass es trotz aller Fortschritte vor allem
bei der Armutsbekämpfung noch große Herausforderungen gäbe. Im September 2015 wurde auf dem Gipfeltref-
fen in New York die Agenda 2030 mit insgesamt 17 Zielen
zur nachhaltigen Entwicklung beschlossen (*sustainable
development goals,* kurz: SDG's).[22] Die dort genannten
Ziele umfassen weit mehr als „nur" den Umweltschutz.
Sie beziehen auch soziale und Geschlechtergerech-
tigkeit, Zugang zu sauberen Nahrungsmitteln, Bildung
sowie den Schutz der Biodiversität [Artenvielfalt] mit ein.
Seither sind die SDG's in viele nationale Aktionspläne zur

---

[21] vgl. http://www.un.org/millenniumgoals/

[22] UN – United Nations (2016): Sustainable Development Goals. 17
Goals to Transform Our World. www.un.org/sustainabledevelopment/

Nachhaltigkeit eingeflossen, wie beispielsweise die Nachhaltigkeitsstrategie der Bundesregierung.[23]

Die verschiedenen Dimensionen von Nachhaltigkeit werden heutzutage oft durch das „Dreisäulenmodell" dargestellt. Unter den drei Säulen werden ökologische, ökonomische und soziale Nachhaltigkeit gefasst. Eine nachhaltige Lebensweise wird erst dann erreicht, wenn alle drei Bereiche gleichberechtigt berücksichtigt werden.

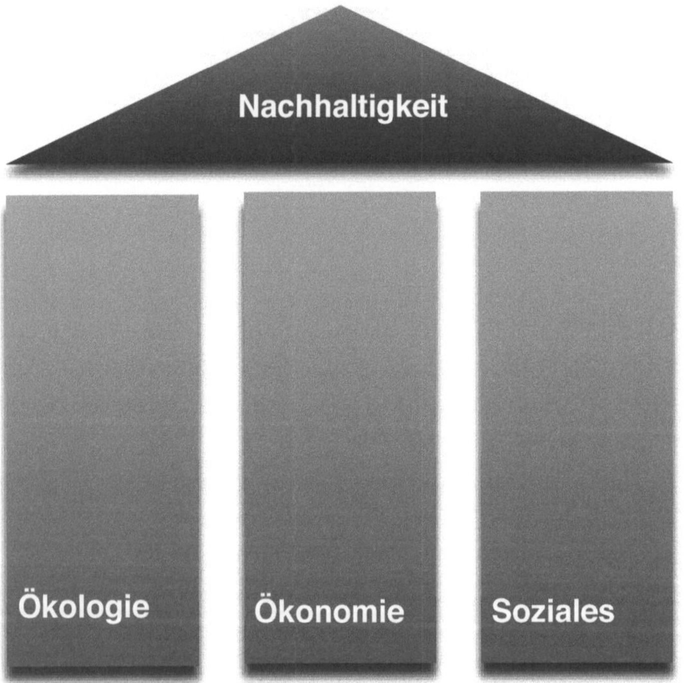

Abb.2: Dreisäulenmodell nach Corsten/Roth 2012: 2.

Die *ökologische Säule* umfasst den Klima- und Ressourcenschutz sowie die Artenvielfalt. Darunter fallen alle

---

[23] Bundesregierung (2016). Deutsche Nachhaltigkeitsstrategie

Anstrengungen, die zu einer Reduzierung oder Verhinderung menschengemachter Umweltschäden beitragen, sei es durch Recycling oder alternative Kraftstoffe, durch den Schutz der Meere oder Verbesserungen der Luft- und Wasserqualität.

Unter *ökonomischer Nachhaltigkeit* versteht man eine langfristig gedachte Wirtschaftsweise, welche auch zukünftigen Generationen Wohlstand erlaubt. Für Unternehmen bedeutet dies, die langfristige Sicherung der Existenz sowie die zukünftige Wettbewerbsfähigkeit zu erhalten (siehe oben). Die Frage ist, ob nachhaltige Entwicklung ein unbegrenztes Wirtschaftswachstum erlaubt oder ob der Verzicht auf Wachstum notwendig ist, also „mit welchen Nebenfolgen eine Entkopplung von Wirtschaftsleistung und Umweltverbrauch möglich ist".[24]

Unter *sozialer Nachhaltigkeit* wird die gerechte Verteilung von sozialen Grundgütern verstanden, wie Gesundheit, Nahrung, Kleidung und Unterkunft sowie politische Rechte. Diese Grundgüter stellen sicher, dass Menschen die Möglichkeit haben, die Gestaltung ihres Lebens selbst zu bestimmen. Zusätzlich sind Toleranz, Solidarität, Integrationsfähigkeit, Rechts- und Gerechtigkeitssinn zu fördern. Soziale Nachhaltigkeit adressiert Verteilungsungleichheiten zwischen verschiedenen Generationen, Geschlechtern, aber auch Regionen.[25]

---

[24] Grunwald/ Kopfmüller 2006, S. 49.

[25] vgl. Hentze/Thies 2012, S. 80f. und Grunwald/ Kopfmüller 2006, S. 42-50.

Nachhaltigkeit und strategische Kommunikation

Nachhaltigkeit erlangte in den letzten Jahren einen immer höheren Stellenwert, und ist nicht mehr nur auf gesellschaftlichen, sondern auch vermehrt auf politischen und unternehmerischen Agenden zu finden. Im unternehmerischen Kontext begründet sich der Handlungsanreiz für die Adaption einer Nachhaltigkeitsphilosophie oft in einer zukunftsorientierten Unternehmensplanung. Auf der anderen Seite spiegelt sich das gesteigerte Bewusstsein für die Relevanz nachhaltigen Handelns auch in der Gesellschaft wider, indem die Nachfrage nach nachhaltigen Produkten und Dienstleistungen stetig steigt. Somit spielt der Nachhaltigkeitsgedanke für das Bestehen eines Unternehmens und dessen Ruf in der Öffentlichkeit eine immer wichtigere Rolle.

Unternehmen und Organisationen müssen sich analog des Drei-Säulen-Modells mit Aspekten sozialer, ökologischer und ökonomischer Nachhaltigkeit befassen. Natürlich liegt für Unternehmen oft der Schwerpunkt besonders auf dem ökonomischen Aspekt von Nachhaltigkeit. Dennoch stehen alle Aspekte in einer Wechselbeziehung zueinander, weshalb erst ihre Integration in die Arbeitsprozesse des Unternehmens eine abgerundete Nachhaltigkeitsphilosophie ausmacht.

Obwohl sich der ursprüngliche Nachhaltigkeitsbegriff in der Wertschöpfungskette eines Unternehmens auf die Wahrung und Regenerierung ökologischer Ressourcen bezog, gewinnt auch der soziale Aspekt zunehmend an Bedeutung. Dieser ist jedoch vor die Herausforderung gestellt, sich einem ständigen gesellschaftlichen Wertewandel anpassen zu müssen und kann sich darüber hinaus auch kulturell unterscheiden.

Der ökonomische Aspekt der Nachhaltigkeit kann aus dem Zusammenwirken des sozialen und ökologischen Aspekts heraus verstanden werden. Wenn Unternehmen nachhaltige Leitbilder in allen Ebenen ihrer Organisation einbetten, trägt dies gegenüber Kund_innen und Mitarbeiter_innen zu einer Reputationsverbesserung bei. Positiv wirkt sich dieser Ruf des Unternehmens dann auch auf die Umsatzentwicklung aus.[26] Unter dem Begriff *Corporate Social Responsibility* (CSR) wird dabei die unternehmerische Gesamtverantwortung gegenüber der Gesellschaft bezeichnet. CSR benennt die Verantwortung eines Unternehmens einen Beitrag zur Steigerung der Standards sozialer und ökologischer Gerechtigkeit für gegenwärtige sowie zukünftige Generationen einer Gesellschaft zu leisten.

Eine Schlüsselrolle bei der Umsetzung von CSR-Initiativen hat die strategische Kommunikation. Durch sie wird festgelegt, wie unternehmerische Ziele an relevante Bezugsgruppen kommuniziert werden, wie diese einzubinden und anzusprechen sind und welche Ergebnisse durch diese Kommunikation erreicht werden sollen. Strategische Kommunikation umfasst dabei so unterschiedliche Bereiche wie Produktinformation und Werbung, Marketing, Pressearbeit, aber auch Kommunikation mit Mitarbeiter_innen, Wirtschaftsverbänden oder der Politik. Eine gut umgesetzte strategische Kommunikation in Bezug auf Nachhaltigkeit kann für ein Unternehmen unmittelbar

---

[26] vgl. Einwiller 2014.

wirtschaftliche Vorteile haben, oder eine Antwort auf gesellschaftliche Forderungen nach transparentem Wirtschaften sein. Dabei schafft die strategische Kommunikation im besten Fall Verständnis für unternehmensinterne Entscheidungen, als auch eine Möglichkeit für Konsument_innen mit Unternehmen in einen Dialog zu treten. Vielfach geschieht dies aber nicht direkt sondern über Journalist_innen, Lobbyisten und andere Kommunikatoren (sogenannte Multiplikatoren). Somit kann die Integration und Kommunikation einer unternehmerischen Nachhaltigkeitsphilosophie einerseits förderlich für das zukünftige Wirtschaften sein, andererseits ist sie der Beweis dafür, dass die Forderung der Öffentlichkeit nach nachhaltigem Handeln von Unternehmen erkannt und respektiert wird.

Dabei spielt für das Unternehmen selbst die langfristige Imageverbesserung, die mit einer erfolgreich kommunizierten Nachhaltigkeitsphilosophie einhergeht, die ausschlaggebende Rolle für die Umsetzung und Kommunikation von CSR-Strategien. Das Image eines Unternehmens kann in drei verschiedene Subkategorien aufgeteilt werden: 1) Das *intendierte Image*, welches das Unternehmen erzeugen möchte. 2) Das *vermutete Image*, das Mitglieder eines Unternehmen Außenstehenden oder der Öffentlichkeit zuschreiben, und 3) das *wahrgenommene Image*, das sich daraus ergibt, welche Fakten (Name, Größe, Logo) aber auch zugeschriebene Attribute (z.B. Werte) einzelne Bezugsgruppen mit dem Unternehmen verbinden.[27]

---

[27] vgl. Einwiller 2014: S.375.

Im Gegensatz dazu ist die Reputation eines Unternehmens die Summe aller Meinungen und daher auch insgesamt für ein Unternehmen oder eine Organisation schwer zu greifen und zu beeinflussen. Die drei Hauptaspekte, aus denen sich die Reputation ergibt, sind der Vermögenswert, die Bewertung und die Bekanntheit.[28] Eine gute Reputation eines Unternehmens entsteht dadurch, dass im Austausch der individuellen Ansichten bezüglich dieser drei Aspekte ein generell positives Bild herrscht.

Um eine gute Reputation zu erlangen und ein konsistentes Image zu vertreten, und damit eine erfolgreiche Unternehmenskommunikation zu betreiben, bedarf es ebenfalls einer wohl durchdachten Kommunikationsstrategie. Somit gilt auch im Falle der unternehmerischen Nachhaltigkeitsphilosophie das Prinzip: Wenn sie nicht kommuniziert wird, ist es so als ob sie nie stattgefunden hätte.

Die Botschaften strategischer Kommunikation müssen dabei gleichzeitig diverse Bezugsgruppen (Stakeholder) auf unterschiedlichen Kommunikationskanälen erreichen. Die einzelnen Kommunikationsstrategien sollten auf die Eigenschaften der adressierten Bezugsgruppen abgestimmt sein, gleichzeitig aber keine Gruppen gegeneinander ausspielen. Die Reputation des Unternehmens muss anhand einzelner Kernbotschaften sichtbar werden, die für einzelne Bezugsgruppen individuell kommuniziert werden.

An dieser Stelle ist wichtig zu erwähnen, dass die strategische Kommunikation nicht nur auf externe Adressaten

---

[28] vgl. Einwiller; 2014, S.380.

ausgerichtet ist, sondern auch unternehmensintern stattfindet, um die Nachhaltigkeitsphilosophie langfristig in der Unternehmenskultur zu verankern. Interne Nachhaltigkeitskommunikation verfolgt dabei hauptsächlich das Ziel die eigenen Werte auf die Einstellung und Arbeitsweise der Arbeitnehmer_innen zu übertragen. Dafür werden Arbeitnehmer_innen aller Unternehmensbereiche bestenfalls gleichwertig für das Thema Nachhaltigkeit sensibilisiert, um die nachhaltige Unternehmensphilosophie in den einzelnen Arbeitsprozessen und -ebenen umzusetzen.

Die langfristige Adaption nachhaltiger Denkweisen am Arbeitsplatz kann jedoch nur mit einer „bottom-up"-Strategie realisiert werden, die gewährleistet, dass Arbeitnehmer_innen sich gegenseitig zu nachhaltigen Handlungsweisen am Arbeitsplatz motivieren, da sie sich selbst als Motor der Veränderung erkennen. Dadurch entsteht ein „Empowerment"-Effekt auf Ebene der Arbeitnehmer_innen, der nachhaltige Innovationen im Unternehmen begünstigt und eine langfristige Nachhaltigkeitsphilosophie sichert. Eine aufgetragene „top-down"-Regulierung durch Verhaltensvorschriften ist dagegen selten erfolgreich.[29]

Die mit einer erfolgreichen Nachhaltigkeitskommunikation einhergehende Steigerung des sogenannten sozialen Kapitals des Unternehmens in der Öffentlichkeit führt ebenfalls zu einer Imageverbesserung.

There is significant and growing evidence for a large number of research studies that companies that are more socially responsible, or more responsible in general to all their stakeholders, perform at the same level

---

[29] Prexl 2010: 428f.

Eine Nachhaltigkeitsphilosophie bezieht sich dabei sowohl auf lokale wie globale Teile der Wertschöpfungskette. Die Verantwortung des Unternehmens endet also nicht an den Grenzen des eigenen Standortes. Die zunehmende Rolle weltweit agierender Unternehmen und die vermehrte Thematisierung sozialer Missstände in diversen Produktionsstätten haben das Konzept der Corporate Social Responsibility zu einem festen Bestandteil der Kulturen vieler Unternehmen gemacht.[31]

Abschließend soll jedoch auch erwähnt werden, dass im unternehmerischen Kontext oft vom *Greenwashing* die Rede ist, wenn es um Nachhaltigkeit geht. Darunter versteht man die übertriebene oder zu positive Darstellung unternehmenseigener Bestrebungen für mehr Nachhaltigkeit, die oft allein eine Reaktion auf zunehmenden gesellschaftlichen Druck ist.[32] Greenwashing oder Grünfärberei bedeutet in diesem Zusammenhang die Kommunikation von Nachhaltigkeitsphilosophien, die den tatsächlichen Handlungen widersprechen. Dabei muss Greenwashing nicht zwangsläufig die Streuung von Unwahrheiten bedeuten. Vielmehr können auch Maßnahmen, die dem Ziel der nachhaltigen Produktionsweise entsprechen, überhöht und Praktiken, die dem kommunizierten Image widersprechen verschwiegen werden.

---

[30] SAGE Publications 2012: 14.

[31] Scherer, Palazzo 2012

[32] Müller-Christ 2007: 1f.

Primäres Ziel ist dabei das Überzeugen politischer Entscheidungsträger_innen und kritischer Konsument_innen von der Nachhaltigkeit des eigenen Unternehmens. Es soll signalisiert werden, dass bereits von unternehmerischer Seite auf Umweltprobleme oder soziale Ungerechtigkeit reagiert wurde, und dass kein Eingriff des Gesetzgebers oder eine Veränderung der Produktionsweise nötig ist.[33] Häufig werden im Rahmen des Greenwashing ähnliche Strategien der Kommunikation angewandt: Kooperationen mit Verbänden, Dialoge mit Umweltorganisationen, aber auch Öko-Zertifizierungen und Scheininitiativen mit intransparenten Akteuren. Vertrauensschaffende Begriffe wie "Nachhaltigkeit" und "Verantwortung" werden dann wenig spezifisch und übertrieben oft verwendet. Insgesamt vermitteln die Unternehmen beim Greenwashing den Eindruck, sie würden sich aktiv für den Schutz der Umwelt einsetzen und seien sich ihrer Rolle als Verantwortungsträger bewusst, obwohl sie im Grunde entweder keine tatsächlichen Nachhaltigkeitsbestrebungen nachweisen können oder diese nur in geringem Maße umsetzen.[34]

Die in diesem Band zusammengestellten Fallstudien untersuchen sehr unterschiedliche Akteure: Organisationen, Verbände und Unternehmen. Jeder Akteur hat dabei andere Anforderungen an die eigene Nachhaltigkeitskommunikation. In den Fallstudien werden daher zunächst jeder Akteur, sein Nachhaltigkeitsbild und seine Bezugsgruppen kurz vorgestellt. Darauf folgt eine Analyse der Handlungsfelder, der eingesetzten Kommunikationsmittel und -maßnahmen. Dann wird eine Einschätzung der Maß-

---

[33] Müller-Christ 2007: 2f.

[34] Müller-Christ 2007: 24.

nahmen vorgenommen, vor allem in Bezug auf primäre Bezugsgruppen. Handlungsempfehlungen bilden den Abschluss der Studien. Auch wenn einzelne Akteure nicht direkt vergleichbar sind, ergeben sich aus dieser einheitlichen Struktur der Studien Vergleichskriterien, die auch auf die Glaubwürdigkeit der Kommunikation Rückschlüsse zulassen.

Empfohlene Literatur

Brand, K.-W., Jochum, G. (2000) Der deutsche Diskurs zu nachhaltiger Entwicklung, München: Münchner Projektgruppe für Sozialforschung e.V.

Corsten, H., Roth, S. (Hg.) (2012). Nachhaltigkeit. Unternehmerisches Handeln in Globaler Verantwortung. Wiesbaden: Gabler Verlag.

Einwiller, S. (2014). "Reputation und Image: Grundlagen, Einflussmöglichkeiten, Management." Handbuch Unternehmenskommunikation. Strategie - Management – Wertschöpfung, Ansgar Zerfaß; Manfred Piwinger (Hg.), 371-391. Wiesbaden: Springer Fachmedien. https://dx.doi.org/10.1007/978-3-8349-4543-3_28

Heinrich, P., Schmidpeter, R. (Hg.) (2013) CSR und Kommunikation. Unternehmerische Verantwortung überzeugend vermitteln. Berlin/Heidelberg: Springer Gabler.

Hentze, J., Thies, B. (2012) Unternehmensethik und Nachhaltigkeitsmanagement. Bern: Haupt.

Grunwald, A., Kopfmüller, J. (2006) Nachhaltigkeit. Frankfurt: Campus.

Mast, C. (2016). Unternehmenskommunikation: Ein Leitfaden (6., überarb. und erw. Aufl). Konstanz: UVK.

Müller-Christ, G. (2007) Nachhaltigkeit und Widersprüche: Eine Managementperspektive. Hamburg: LIT Verlag.

Nelke, A. (2016). "Nachhaltigkeit und Innovation." Kommunikation und Nachhaltigkeit im Innovationsmanagement von Unternehmen, 81-102. Wiesbaden: Springer Fachmedien Wiesbaden.

Prexl, A. (2010) Nachhaltigkeit Kommunizieren - Nachhaltig Kommunizieren: Analyse des Potenzials der Public Relations für eine Nachhaltige Unternehmens- und Gesellschaftsentwicklung. Wiesbaden: Springer VS.

Pufé, I. (2014) Nachhaltigkeit. Konstanz/München: UVK.

Raupp, J., Jarolimek, S., Schultz, F. (Hg.) (2011) Handbuch CSR. Kommunikationswissenschaftliche Grundlagen, Disziplinäre Zugänge und Methodische Herausforderungen, Wiesbaden: VS Verlag für Sozialwissenschaften.

Scherer, A. G.; Palazzo, G (2012) „The New Political Role of Business in a Globalized World – A Review of a New Perspective on CSR and Its Implications for the Firm, Governance, and Democracy." In: Corsten/Roth (Hg.); 15-51.

World Commission on Environment Development (1987) Unsere gemeinsame Zukunft: Der Brundtland-Bericht der Weltkommission für Umwelt und Entwicklung. Herausgegeben von Volker Hauff (Ungekürzte Ausg.). Greven: Eggenkamp.

Die Reihe **Corporate Social Responsibility** des Springer Verlags behandelt sehr unterschiedliche Aspekte von Nachhaltigkeit, vor allem unter Managementgesichtspunkten für Unternehmen und Organisationen.

Über diese Publikation

Diese Publikation entstand im Anschluss an das Seminar „Nachhaltigkeit Kommunizieren", das im Wintersemester 2016/17 am Institut für Publizistik- und Kommunikationswissenschaft der Freien Universität Berlin unter Leitung von Dr. Christoph Raetzsch stattfand. Ziel des Seminars war es, die strategische Kommunikation sehr unterschiedlicher Akteure in Bezug auf Nachhaltigkeit zu untersuchen. Dabei sollte insbesondere durch die Gegenüberstellung von Unternehmen und zivilgesellschaftlichen Akteuren das Spannungsfeld von Bedeutungen des Begriffs Nachhaltigkeit aufgezeigt und kritisch diskutiert werden.

Im Zentrum des Seminars stand die Arbeit in Teams, die jeweils einen Akteur und dessen Kommunikation analysierten. Vorwiegend geschah dies durch die systematische Betrachtung der online verfügbaren Kommunikationsmedien wie Webseiten, Portale, Social Media-Präsenzen, teils aber auch durch persönliche Treffen und Interviews. So konnten wir beispielsweise den Leiter der Stabstelle Nachhaltigkeit und Energie an der Freien Universität Berlin, Andreas Wanke, im Seminar als Gast begrüßen. Einzelne Teams hatten Gelegenheit ihre Fragen zur strategischen Kommunikation direkt mit Vertretern der jeweiligen Institutionen zu diskutieren (BEE, BÖLN). In anderen Fällen war trotz mehrfacher Kontaktaufnahme leider keine Kommunikation möglich (KiK).

Am Seminar nahmen 17 Studierende des Studiengangs Publizistik- und Kommunikationswissenschaft teil. Die in diesem BA-Seminar entstandenen Analysen spiegeln vor dem Hintergrund einer wissenschaftlichen Beschäftigung mit strategischer Kommunikation im Allgemeinen und den besonderen Anforderungen an die Kommunikation von Nachhaltigkeit die Perspektiven und Überlegungen aller Beteiligten wider, die vielfach im Seminar kontrovers diskutiert worden. So stellte sich gleich zu Anfang des Seminars die Frage, wie Nachhaltigkeit als recht allgemeines Konzept eigentlich messbar wäre, und ob nicht auch für die Kommunikation Kriterien erfolgreicher und weniger erfolgreicher Maßnahmen und Strategien nötig wären. Diese berechtigten Fragen haben wir zunächst zurückgestellt, denn es ging zunächst um eine Erfassung, Analyse und Darstellung verschiedener Instrumente der strategischen Kommunikation. Diese Analyse sollte vor allem dem Verständnis für die individuellen Gründe dienen, die einzelne Akteure zur Auseinandersetzung mit Nachhaltigkeit motivieren (oder manchmal auch zwingen).

In den Fazits der Fallstudien lassen sich viele Hinweise darauf finden, wie überzeugend und authentisch die Kommunikation von Nachhaltigkeit von Studierenden wahrgenommen wird. Darüberhinaus geben die Studierenden Handlungsempfehlungen, die aus ihrer eigenen Analyse und der Auseinandersetzung mit dem Thema resultieren - unabhängig davon ob die jeweiligen Akteure auf diese Empfehlungen gewartet haben oder diese überhaupt wahrnehmen (wollen).

Wir haben beschlossen, aus den Beiträgen des Seminars eine Publikation zusammenzustellen, die als Gemeinschaftswerk den Gedanken der Nachhaltigkeit über den

Gegenstand und die Themen des Seminars hinaus ernst nimmt. Als open-access Publikation stellen wir die gesammelten Ergebnisse aller Arbeitsgruppen der Öffentlichkeit, Studierenden, Forschenden und Interessierten frei zur Verfügung. Beim Überarbeiten der Manuskripte haben wir versucht, den Gebrauch von Fachbegriffen und Ausdrücken aus dem Marketing zu reduzieren. Wir haben uns bemüht verständlich und nachvollziehbar zu argumentieren, unsere eigene Sichtweise zu betonen, und die Aufforderung zur kritischen Auseinandersetzung mit strategischer Kommunikation in die Texte einfließen zu lassen. Für die meisten ist es auch die erste wissenschaftliche Publikation.

Die Erstellung der Manuskripte haben die Autor_innen und Herausgeber_innen als gemeinsame Aufgabe aufgefaßt, sich unterstützt und ermutigt. Dies mag vielleicht eine etablierte Form der Kooperation in vielen Berufsfeldern sein, für die Arbeit von Studierenden und Lehrenden ist es aber nicht selbstverständlich. Letztlich springt wohl kein Studierender vor Freude in die Luft, wenn er oder sie zur nochmaligen Überarbeitung einer bereits abgeschlossenen Seminararbeit aufgefordert wird. Gleichzeitig bot sich so aber eine Möglichkeit, den Nachhaltigkeitsgedanken über den Seminarkontext hinaus anzuwenden (siehe auch Fazit).

Die Fallstudien wurden jeweils durch die Arbeitsgruppe in enger Abstimmung mit den Herausgeber_innen überarbeitet. Dazu zählte unter anderem die Vereinheitlichung der Struktur wie auch, dass allgemeine Teile zum Begriff der Nachhaltigkeit oder strategischer Kommunikation aus den Fallstudien in die Einleitung des Bandes übernommen wurden. Damit ist der erste Teil dieses Bandes ein gemeinsames Ergebnis aller Beteiligten. Die Fallstudien folgen dann einem einheitlichen Aufbau: Nach der Vorstellung des Akteurs folgt zunächst eine Darstellung des Nachhaltigkeitsbilds und der wichtigsten Bezugsgruppen. Danach werden die Kommunikationsmittel vorgestellt und analysiert. Im Fazit werden Handlungsempfehlungen und Bewertungen abgegeben. Die einzelnen Fallstudien spiegeln die Perspektiven und Ansichten der genannten Autor_innen wider, nicht notgedrungen die der Herausgeber_innen oder Autor_innen der anderen Fallstudien.

Alle Autor_innen behalten die vollen Rechte zur Weiterverwertung und -verwendung ihrer Texte. Für alle Leser_innen und Nutzer_innen gelten die Bedingungen der Creative Commons Lizenz *Attribution-NonCommercial-ShareAlike 4.0 International* (CC BY-NC-SA 4.0). Die Publikation ist nicht peer-reviewed. Für eventuelle unrichtige oder nicht mehr zutreffende Angaben wird keine Haftung übernommen. Quellenangaben sind zum Zeitpunkt der Publikation überprüft worden, können sich aber in der Zwischenzeit geändert haben.

Wenn Sie diese Publikation zitieren wollen

…freut uns das wirklich sehr. Bitte beachten Sie aber folgende Hinweise.

Die Autor_innen der Fallstudien können Sie im Sinne eines Sammelbandbeitrags zitieren mit den üblichen Angaben zur Seitenzahl, Titel des Beitrags, den Herausgeber_innen, dem Link zur Publikation, usw.

Die einleitenden Teile zur Geschichte, CSR und Kommunikation sind durch die Herausgeber_innen zusammengestellt und ergänzt worden, beinhalten aber Textteile aus allen Seminararbeiten. Im Sinne eines kollaborativen Produkts kann keine/r der Beteiligten für diese Texte eine Art exklusiver Autorenschaft übernehmen. Wenn Sie aus diesen Teilen zitieren wollen, benennen Sie die Publikation („Nachhaltigkeit kommunizieren") und machen deutlich, dass neben der Herausgeber_innen weitere Autor_innen an der Erstellung der Texte beteiligt waren (z.B. durch den Zusatz et al.).

Wenn Sie diese Publikation drucken wollen

… denken Sie bitte erst an die Umwelt. Dann an ein Seitenlayout, das im Querformat zwei Seiten nebeneinander enthält. Alternativ können Sie z.B. bei amazon.de einen Druck des Buchs in Auftrag geben. Dieser wird über Books on Demand abgewickelt. Sie zahlen nur den Herstellungspreis.

Freie Universität Berlin: Stabsstelle Nachhaltigkeit & Energie und „Sustain It!"

Marlene Blaul, Tessa Meyer, Jana Tabea Stern

Einleitung

Seit 2015 findet an der Freien Universität Berlin ein aktiver Transformationsprozess statt. Mit der Überholung der Stabsstelle für Nachhaltigkeit & Energie und deren direkter Zuordnung zum Präsidium gelang eine Schwerpunktverlagerung von Energie- und Umweltmanagement auf ein integriertes Nachhaltigkeitsmanagement. Seitdem ist Nachhaltigkeit als signifikanter Leitbegriff in den Universitätsalltag eingegangen und hat den Weg für die Freie Universität als zukunftsfähige Hochschule geebnet. Ökologisch, ökonomisch und sozial nachhaltige Maßnahmen sind interdisziplinär in Forschung, Lehre und Campus Management übergegangen und auf dem gesamten Campus zu finden. So gibt es zum Beispiel zahlreiche energieeffiziente Solaranlagen auf den Dächern der Fakultäten oder wiederverwertbare Kaffeebecher statt der Wegwerfalternative.

Die Freie Universität hat hier offenbar eine Verantwortung rechtzeitig erkannt und einen Schritt in die Richtung einer nachhaltigeren Universitätsidentität getan. Nicht nur die Stabsstelle, sondern auch die daraus entsprungene Initiative für Nachhaltigkeit und Klimaschutz Sustain It! wirken an der Sensibilisierung für Nachhaltigkeit beim Lernen, Forschen und auf dem Campus mit. Im Folgenden soll die Nachhaltigkeitskommunikation online und offline beider Akteure dargestellt und abschließend beurteilt werden.

Wie wird Nachhaltigkeit von der Freien Universität kommuniziert? Welche Kommunikationskanäle kommen dabei zum Einsatz? Wie effizient kann die Thematik an die Studierenden, die zentrale Zielgruppe, herangetragen werden? Welche Prozesse können in Zukunft optimiert werden?

Im Zuge dessen werden zunächst die Akteure vorgestellt, ebenso wie ihre Handlungsfelder und Zielgruppen. Außerdem wird die Relevanz der Studierenden als Zielgruppe und der Universität als Nachhaltigkeitsakteur beleuchtet und im Kontext dargestellt. Anschließend folgt die detaillierte Betrachtung beider Akteure, der Stabsstelle und Sustain It!, und eine Evaluation der jeweiligen Kommunikationsmaßnahmen. Schließlich sollen Handlungsempfehlungen vorgeschlagen werden, die eine zukünftige Kommunikation von Nachhaltigkeit der Freien Universität an ihre Studierenden verbessern könnten.

Vorstellung des Akteurs

Nachhaltigkeit ist an der Freien Universität Berlin (FU) mit über 36.000 Studierenden und Doktorand_innen, sowie 4.300 Beschäftigten bereits seit 2001 in Form eines Arbeitsbereichs Energie und Umwelt im Rahmen des Facility-Managements verankert.[35] In den Folgejahren wurde ein systematisches Energie- und Umweltmanagement etabliert, in dessen Rahmen Programme und Maßnahmen zur Verbesserung der Energieeffizienz einen hohen Stellenwert einnahmen. Dieses Energie- und Umweltmanagement wird seit der direkten Zuordnung der Stab-

---

[35] Virtuelle Akademie Nachhaltigkeit „Zukunftsfähige Hochschulen gestalten": https://www.fona.de/mediathek/pdf/Zukunftsfaehige_Hochschulen_Gestalten_netzwerk_n_VA_online.pdf, S. 86

sstelle Nachhaltigkeit & Energie 2015 zum Präsidium in ein integriertes Nachhaltigkeitsmanagement umgewandelt, das nun auch Forschung und Lehre in den Fokus nimmt.

Bereits 2010 wurde die Initiative Sustain It! von Studierenden und Mitarbeiter_innen des Forschungszentrums für Umweltpolitik und der Stabsstelle als eine offene Dialog- und Aktionsplattform für alle, die die FU mit eigenen Ideen zukunftsfähig gestalten wollen, gegründet. Hervorzuheben ist hier die disziplinübergreifende Zusammenarbeit zwischen Studierenden, Wissenschaftler_innen, Lehrenden und Verwaltungsmitarbeiter_innen, die in dieser Form an deutschen Universitäten einzigartig ist (ebd.). Im Juni 2015 verfasste die Initiative einen Entwurf für ein Nachhaltigkeitsleitbild der FU und forderte anschließend alle Universitätsangehörigen zur Beteiligung auf. Es gingen mehr als 80 Vorschläge aus allen Bereichen des Universitätslebens ein.[36] Im März 2016 wurde das Leitbild von Präsident Alt unterzeichnet.[37] In Anknüpfung an den 1987 verabschiedeten Bericht der Brundtland-Kommission "Our Common Future" beginnt auch das Leitbild der Freien Universität Berlin.

Sustainable development is development that meets the needs of the present without compromising the ability of future generations to meet their own needs.[38]

---

[36] FU-Berlin „campus.leben": http://www.fu-berlin.de/campusleben/campus/2015/151123-termin-nachhaltigkeitsleitbild/index.html

[37] FU-Berlin „Nachhaltigkeitsleitbild": http://www.fu-berlin.de/sites/nachhaltigkeit/01_ueberuns/Leitbild_index.html

[38] Vereinte Nationen "Our Common Future: Chapter 2": http://www.un-documents.net/ocf-02.htm#I

Aus dem Zitat des Brundtland-Berichts lassen sich drei Grundprinzipien ableiten: eine globale Perspektive auf Nachhaltigkeit, die untrennbare Verknüpfung zwischen Umwelt- und Entwicklungsaspekten, sowie die Realisierung von Gerechtigkeit sowohl in der *intergenerativen* Perspektive (Zukunftsverantwortung) als auch in der *intragenerativen* Perspektive (Verteilungsgerechtigkeit). Es geht hier also um eine Generationengerechtigkeit ebenso wie eine globale Gerechtigkeit in der Verteilung von Ressourcen, Wohlstand und Lebensqualität, sodass heutige Gesellschaften nicht auf Kosten zukünftiger Generationen leben und eine Region der Welt nicht auf Kosten anderer Weltregionen.

Im Leitbild werden die soziale, die ökologische und die ökonomische Dimension von Nachhaltigkeit als integrative Querschnittsaufgabe betrachtet. Zunächst sieht die FU die besondere gesellschaftliche Verantwortung von Universitäten als Innovatoren mit Vorbildfunktion. Sie haben zum Ziel, Lösungen für drängende globale, ökologische und gesellschaftliche Herausforderungen zu finden und damit zu einer nachhaltigen Entwicklung der Gesellschaft beizutragen. Diese soziale Dimension äußert sich durch Nachhaltigkeit in Wissenschaft und Lehre: In Lehre und Studium sollen Kenntnisse, Kompetenzen und Werte vermittelt und in der Forschung Wissen und Innovationen erzeugt werden, die für die Gestaltung einer nachhaltigeren Welt nötig sind. So sollen Lern- und Erfahrungsräume geschaffen werden, die schließlich für gesellschaftliche Akzeptanz sorgen können. Diese inter- und transdisziplinäre Querschnittsaufgabe will die FU durch einen Dialog verschiedenster Akteure realisieren.

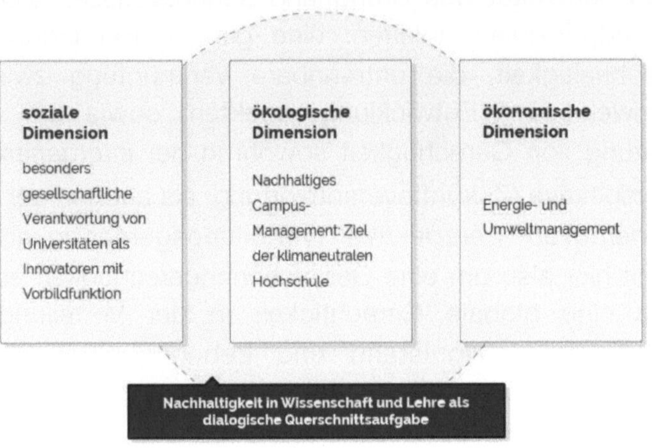

Abb. 1: Nachhaltigkeitsdimensionen an der FU
(eigene Darstellung).

Des Weiteren äußert sich die ökologische Dimension in einem nachhaltigen Campus-Management mit dem Ziel den Status einer klimaneutralen Hochschule zu erreichen. Um den Wert der Nachhaltigkeit glaubwürdig nach außen zu vertreten, bemüht sich die FU um eine Vorbildfunktion in Verwaltungsprozessen und Betrieb, im Energie- und Umweltmanagement, durch ein aktives Gesundheits-management und durch Finanz-, Personal-, Beschaf-fungs-, Mobilitäts- und Weiterbildungsmanagement sowie bauliche und technische Infrastruktur. In Beispielen wie der Reduktion des Energieverbrauchs um 25 Prozent seit 2001 äußert sich selbstverständlich ebenso die ökono-mische Dimension von Nachhaltigkeit: Die jährlichen

Kosteneinsparungen durch Nachhaltigkeitsmaßnahmen betragen rund 3,5 Millionen Euro.[39]

Schließlich betont das Leitbild den partizipativen Charakter der nur als Gemeinschaftsaufgabe zu bewältigenden technischen, organisatorischen und verhaltensbezogenen Aspekte von Nachhaltigkeit. Das Ziel ist ein transparenter und kontinuierlicher Nachhaltigkeitsdialog mit Universitätsangehörigen, Zivilgesellschaft und Öffentlichkeit. Was eine Universität als zentralen Akteur so besonders macht, ist die Tatsache, dass Nachhaltigkeit „durch und durch" praktiziert wird und nicht etwa ein „Nischenthema" darstellt, das im Zuge der Entwertung des Begriffes lediglich der Imageverbesserung dient (Stichwort: *Greenwashing*). Beim Thema Nachhaltigkeit muss die FU der Vorbildrolle einer staatlich geförderten Institution gerecht werden, die in der Pflicht steht, Umweltbewusstsein und Zukunftsfähigkeit als „Botschaft" nach außen zu tragen und in den Alltag der Studierenden zu integrieren.

Auch wenn die FU keinen Gewinn erwirtschaftet, muss sie mit dem vorhandenen Budget dennoch so effizient haushalten, dass am Ende ein möglichst großer Anteil der Mittel der Lehre zugute kommt und nicht etwa ausschließlich für die Infrastruktur auf dem Campus verwendet wird. Demnach muss die FU – ähnlich einem auf Profit ausgerichteten Unternehmen – im eigenen ökonomischen Interesse handeln und effizient wirtschaften. Wenn die FU sich also beispielsweise für den Bau von Solaranlagen einsetzt, profitiert sie davon in vielerlei Hinsicht: 1. Der Bau von Solaranlagen wird durch Fördermittel vom Bund

---

[39] Virtuelle Akademie Nachhaltigkeit „Zukunftsfähige Hochschulen gestalten": https://www.fona.de/mediathek/pdf/Zukunftsfaehige_Hochschulen_Gestalten_netzwerk_n_VA_online.pdf, S. 87

und der EU unterstützt. Die Installation der Anlagen führt 2. zur langfristigen Reduzierung der Energiekosten, was gleichzeitig mehr Mittel für die Lehre ermöglicht. 3. Wird damit das Image der FU, sich für Nachhaltigkeit in Form von erneuerbaren Energien einzusetzen und so zukunftsfähig zu handeln, im wahrsten Sinne des Wortes gut sichtbar platziert. Nicht zuletzt zieht das dadurch entstehende Image, eine besonders nachhaltige Universität zu sein, 4. auch neue Studierende an.

Anhand der dargestellten Folgerungen wird ersichtlich, dass beim Thema Nachhaltigkeit gemäß der Corporate Social Responsibility der FU sowohl ökologische als auch ökonomische Faktoren eine Rolle spielen. Durch die Tatsache, dass in dieser Arbeit die Kommunikationsstrategien von Stabsstelle (nachhaltiges Campus-Management) und Sustain It! (Partizipation an Nachhaltigkeit) gesondert analysiert werden, werden auch die zwei unterschiedlichen Handlungsmotive ersichtlich.

Stabsstelle Nachhaltigkeit & Energie

Die Kernaufgaben der Stabsstelle sind die Berücksichtigung und Integration von Nachhaltigkeitsaspekten in allen Bereichen der Universität und im universitären Alltag. Die Stabsstelle ist dem Präsidium direkt zugeordnet und kann so die Hochschulleitung unmittelbar beraten und mit ihr in Nachhaltigkeitsfragen zusammenarbeiten. Ihre Aufgabe ist es dabei, nachhaltigkeitsbezogene Aktivitäten in Forschung, Lehre und Campus-Management zu initiieren und zu koordinieren, die zentralen und dezentralen Nachhaltigkeitsteams zu koordinieren sowie das universitätsweite Energiemonitoring und das Prämiensystem zur Energieeinsparung zu steuern.

Im Sinne der Corporate Social Responsibility kann die FU also auch als Unternehmen verstanden werden, das einerseits Nachhaltigkeit als ökonomisches Handeln und Chance zum effizienten Wirtschaften versteht, andererseits aber seiner Sozialverantwortung und Vorbildrolle gerecht werden muss, indem Nachhaltigkeit über das „Soll" hinaus auf verschiedenen Ebenen praktiziert und in das ökologische Bewusstsein der Studierenden integriert wird. Dass beides Hand in Hand in geht, verdeutlicht Andreas Wanke, Leiter der Stabsstelle Nachhaltigkeit, indem er sogenannten „nonmonetary motives" eine komplementäre Rolle gegenüber „cost arguments" zuschreibt (Wanke 2016: 27-45). Als gutes Beispiel dieser unterschiedlichen Handlungsmotive können hier die Gründächer der FU-Gebäude genannt werden, welche auf der Webseite der Stabsstelle einerseits als „Lebensraum für Insekten und Vögel" und „wichtiger Beitrag zur Stadtökologie" beschrieben werden, andererseits aber auch zur „Wärmedämmung und Hitzeabschirmung" und so der Kosteneinsparung dienen.[40]

Die Stabstelle vertritt darüber hinaus die FU in nationalen und internationalen Nachhaltigkeitsnetzwerken und wirkt im Bau-, Facility-, IT-, und Beschaffungsmanagement mit. In der Stabsstelle arbeiten neun Beschäftigte und vier studentische Hilfskräfte, die auf eine systematische Integration von Forschung, Lehre und Campusmanagement hinarbeiten, auch als „Whole Institution Approach" bezeichnet (ebd.).

---

[40] Stabstelle Nachhaltigkeit und Energie (2017): „Nachhaltiges Campus-Management an der Freien Universität Berlin". http://www.fu-berlin.de/sites/nachhaltigkeit/10_dokumente/Praesentationen/Praesentationen_ABV/6_Termin_NK-Management-_23_05_2017_AWanke_final.pdf

Sustain It! Initiative für Nachhaltigkeit und Klimaschutz

Die 2010 begründete Initiative für Nachhaltigkeit und Klimaschutz Sustain It! kann als das interaktive Gegenstück der Stabsstelle betrachtet werden. Während die Stabsstelle als eine tendenziell administrative Einheit dient, soll die Initiative partizipatorische, dialogorientierte Aspekte abdecken und den Studierenden auf Augenhöhe begegnen. Dieser Ansatz zielt darauf, den Nachhaltigkeitsdiskurs der Universität zu stärken und darüber hinaus die breite Öffentlichkeit zu sensibilisieren.

Im Rahmen von Kunst- und Theaterlaboren, Podiumsdiskussionen, UniGardening-Projekten und weiteren Aktionen, wird sich überwiegend spielerisch-interaktiver Methoden bedient, um Nachhaltigkeit an Studierende auf dem Campus heranzutragen. Stichworte wie „interdisziplinär", „partizipatorisch", „dialog- und handlungsorientiert" fallen immer wieder in Zusammenhang mit den Programminhalten der Initiative. Im Mittelpunkt steht die kritische Auseinandersetzung mit dem eigenen Konsumverhalten und das Aufzeigen von Handlungsmöglichkeiten im Alltag durch die Vorstellung von Lösungsansätzen für globale und ökologische Zukunftsfragen.

Ebenso wirkt Sustain It! zusammen mit der Stabsstelle an nachhaltigen Lehrveranstaltungen mit und ist somit zusätzlich im Lehrangebot integriert. Anders als die Stabsstelle verfügt die Initiative über eine kleine Auswahl an Online- und Social-Media-Präsenzen, auf der sie Studierende zu erreichen versucht. Diese Kommunikationsmaßnahmen sollen im Folgenden näher betrachtet werden.

Handlungsfelder

Die differenzierte und segmentierte Struktur einer Hochschule stellt eine klare Herausforderung für das Nachhaltigkeitsmanagement dar. Andreas Wanke, der Leiter der Stabsstelle, sieht die Antwort darauf in einem kontinuierlichen Dialog mit den Bezugsgruppen und in zahlreichen Partizipationsmöglichkeiten auf allen Ebenen der Institution:

> Sustainability, however, calls for continuous interaction and integration, one of the key questions being: how can we integrate a cross-sectional task like sustainability into a segmented structure? Projects that are based on a logistic approach, focused on the whole institution, in order to bridge the various disciplines and entities of higher education organizations, is one answer to this challenge. The second and third ones are a continuous dialogue with civil societal stakeholders and a continuous improvement process.[41]

Nachhaltigkeit in dieser besonderen, segmentierten Umgebung erfordert also kontinuierliche Interaktion und Integration, die auf die gesamte Institution angewandt werden muss und sich in einem stetigen Verbesserungsprozess befindet. In Abb. 2 wird deutlich, dass die meisten Maßnahmen zur Umsetzung des Nachhaltigkeits-Managements (rot markiert) ein hohes Maß an Partizipation bei allen Universitätsangehörigen erfordern.

---

[41] Wanke, A. 2016: Sustainable Campus Management at Freie Universität Berlin – Governance and Partizipation Matter. In W. L. Filho, M. Mifsud, C. Shiel, R. Pretorius (Hrsg.), *Handbook of Theory and Practice of Sustainable Development in Higher Education Vol. 3* (S. 27-45). Wiesbaden: Springer. https://link.springer.com/content/pdf/10.1007%2F978-3-319-47895-1.pdf, S. 31.

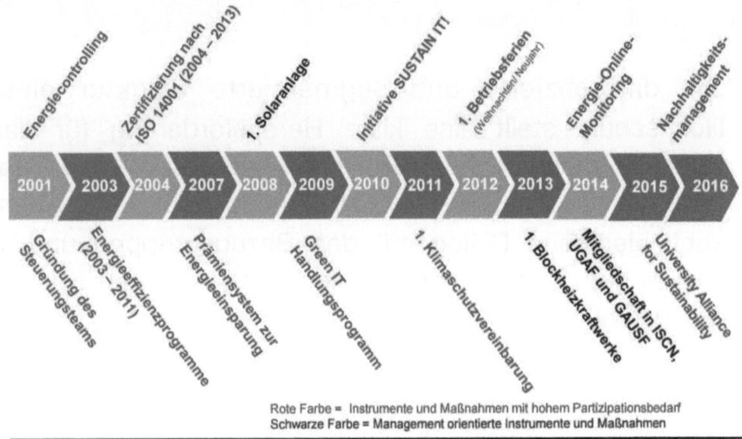

Abb. 2: Chronologie des Nachhaltigkeits-Managements an der FU (nach Stabstelle Nachhaltigkeit und Energie (2017), S. 15)

Lehre

Im Handlungsfeld Lehre sollen Nachhaltigkeitsinhalte in das Curriculum integriert werden. Im Sommersemester 2016 hatten von 4.176 Lehrveranstaltungen an der FU 75 einen Nachhaltigkeitsschwerpunkt (2%) und 253 einen Nachhaltigkeitsbezug (8%) (Stabstelle 2017). Auf der Webseite des Forschungszentrums für Umweltpolitik (FFU) wird das nachhaltigkeitsbezogene Lehrangebot ausführlich beschrieben und jedes Semester neu zusammengestellt.[42] Das FFU selbst bietet derzeit selbst keinen eigenen Bachelorstudiengang in diesem Bereich an und auch der interdisziplinäre Masterstudiengang „Öffentliches und betriebliches Umweltmanagement" wurde nach dem Wintersemester 2012/13 aus dem Lehrprogramm genommen. Jedoch ist das FFU eng mit den Politikwissenschaften, insbesondere mit dem Bereich „Comparative

---

[42] http://www.polsoz.fu-berlin.de/polwiss/forschung/systeme/ffu/lehre/index.html

Politics und Umweltpolitik" verknüpft. Zu den aufgelisteten Lehrveranstaltungen des Wintersemesters 2016/17 gehören aber nicht nur solche, die direkt an einem bestimmten Studiengang gekoppelt sind, sondern auch die von Sustain It! initiierte Ringvorlesung „Raus aus der Krise? Wege in eine sozial-ökologische Gesellschaft" als Diskussionsplattform für Interessierte aller Fachrichtungen.

Außerdem hat sich die FU im Rahmen der Hochschulrektorenkonferenz an der UN-Dekade *Bildung für nachhaltige Entwicklung* (2005-2014) beteiligt und gemeinsam mit den anderen deutschen Hochschulen das Leitbild „Hochschulen für nachhaltige Entwicklung" verfasst.[43] Dieses umfasst auch, dass alle Lernenden Kenntnisse und Fähigkeiten erwerben, die erforderlich für eine Förderung von nachhaltiger Entwicklung sind.[44] Bildung für nachhaltige Entwicklung ist unverzichtbar, um weltweit „Armut und Hunger zu reduzieren, Gesundheit zu verbessern, Gleichberechtigung zu ermöglichen und den Planeten zu schützen" (ebd.).

Forschung & Campus Management

Die Forschung an der FU soll Beiträge zur Lösung globaler Zukunftsfragen – wie Klimawandel, Verlust an Biodiversität, Umweltzerstörung, begrenzte Ressourcen, Armut und Ungleichheit – liefern. Im Jahr 2015 hatten von 1.664

---

[43] Deutsche UNESCO-Kommission/ Hochschulrektorenkonferenz „Hochschulen für nachhaltige Entwicklung": https://www.hrk.de/fileadmin/redaktion/A4/Hochschulen_und_Nachhaltigkeit_HRK_-DUK.pdf

[44] vgl. die UN Sustainable Development Goals der UNESCO, hier speziell „Bildung": https://www.unesco.de/bildung/bildung-2030/bildung-und-sdgs.html

Forschungsprojekten 104 einen Nachhaltigkeitsschwerpunkt (6%) und 255 einen Nachhaltigkeitsbezug (16%) (Stabstelle 2017, S. 6).

Im Handlungsfeld des Campus Managements schließlich kann die FU Nachhaltigkeit selbst vorleben. Bestandteile des Campus Managements sind beispielsweise: Reduzierung von Umweltbelastungen, nachhaltige Beschaffung, nachhaltiges Bauen, energieeffizienter Betrieb, Green IT, das Ziel eines klimaneutralen Campus und Zertifizierungen von Betriebsprozessen. Zwischen 2001 und 2011 konnte die FU so ihren Energieverbrauch um mehr als ein Viertel bzw. rund 42 Millionen Kilowattstunden reduzieren und damit jährlich 3,5 Millionen Euro und 12.500 Tonnen CO2 einsparen.[45] Praktische Maßnahmen wie eine Schließung der gesamten Universität während der Betriebsferien zum Jahreswechsel und ein Prämiensystem zur Energieeinsparung der Fachbereiche, sowie eigene Photovoltaikanlagen und Blockheizkraftwerke haben wesentlich zur Verbesserung der Energieeffizienz und Kosteneinsparung beigetragen.

Beispielsweise erhalten die verschiedenen Fachbereiche eine Prämie aus zentralen Mitteln, wenn ihr Energieverbrauch einen bestimmten Wert unterschreitet. Bei Überschreitung des Wertes muss der jeweilige Fachbereich die Kosten komplett selbst tragen. Sparen sie jedoch Energie, erhalten sie 50 Prozent der jährlichen Kosteneinsparung als Prämie zur freien Verfügung ausgezahlt. Ein weiterer

---

[45] Wanke, A. 2014: Nachhaltiges Campus-Management an der Freien Universität Berlin. In A. Brunnengräber, M. R. Di Nucci (Hrsg.), *Im Hürdenlauf zur Energiewende: Von Transformationen, Reformen und Innovationen* (S. 309-328). Wiesbaden: Springer VS. https://link.springer.com/content/pdf/10.1007%2F978-3-658-06788-5.pdf, S. 311.

Faktor ist die Energieeinsparung über das Green-IT Programm. Da der Betrieb der Informationstechnologie (Server, Desktoprechner, Drucker etc.) für 20 Prozent des Energieverbrauchs der FU verantwortlich ist, lassen sich hier durch Optimierungsmaßnahmen erhebliche Kosten einsparen.

Bezugsgruppen

Die Stabsstelle und Sustain It! haben zahlreiche Bezugsgruppen, die von den Bestrebungen und Maßnahmen für mehr Nachhaltigkeit gegenwärtig oder in Zukunft betroffen sind. Diese erstrecken sich auf die Bereiche Studierende, Mitarbeiter_innen, Fachpublikum, Netzwerke, Bund und Land Berlin, interessierte Öffentlichkeit und Multiplikator_innen.

Abb. 3: Wesentliche Bezugsgruppen der Stabsstelle (eigene Darstellung der Autorinnen)

Gegenüber der interessierten Öffentlichkeit kann die FU ihre Reputation als nachhaltige Universität stärken und damit Studierende und Wissenschaftler_innen werben. Ebenso steht die FU in enger Verbindung mit NGOs und Initiativen. Des Weiteren sind internationale Netzwerke wie die University Alliance for Sustainability für die FU von Bedeutung, um Handlungsmöglichkeiten über nationale Grenzen hinweg zu erweitern und Fördergelder für Projekte zu erhalten. Zudem kann sie sich hier international profilieren.

Die folgende Analyse der Kommunikationsmaßnahmen von Stabsstelle und Sustain It! konzentriert sich vor allem auf die Studierenden als zentrale Bezugsgruppe. Dies scheint uns sinnvoll, da eine detaillierte Analyse aller Maßnahmen für alle vorhandenen Stakeholder (Netzwerke, Bund und Land Berlin, die breite Gesellschaft) den hier gegebenen Rahmen überschreiten würde. Eine Betrachtung der Kommunikation mit Studierenden scheint uns auch am interessantesten, weil diese die Hauptnutzer_innen aller universitären Inhalte und immer wieder Adressaten für Handlungs- und Kommunikationsmaßnahmen sind. Schauen wir uns an, welche Stakeholder täglich aktiv mit der Universität in Verbindung stehen, scheinen Studierende allein zahlenmäßig die relevanteste Bezugsgruppe zu sein. Ebenso erfüllen sie eine grundlegende Multiplikatorenrolle, die nicht nur im Universitätsalltag, sondern auch außerhalb des Campus wichtig ist. So können Studierende Nachhaltigkeitsaspekte nach außen tragen und langfristig in die breite Gesellschaft integrieren. Somit können möglicherweise über diese zentrale Bezugsgruppe auch indirekt andere Stakeholder beeinflusst werden.

In Bezug auf Studierende kann die FU als öffentliche Einrichtung als eine Art Dienstleister betrachtet werden.

Studierende nehmen die Bildungsdienstleistung dieser Institution in Anspruch und bilden sich ein Urteil, das sie auch nach außen tragen. So kann Nachhaltigkeit hier zu einer positiven Reputation beitragen und bei Studieninteressierten dafür sorgen, dass sie sich an der FU einschreiben. Bereits immatrikulierte Studierende kommen über nachhaltige Lehre und Forschung zum Beispiel am Forschungszentrum für Umweltpolitik (FFU) oder am Institut Futur mit dem Thema Nachhaltigkeit in Kontakt. Außerdem wendet sich Sustain It! über regelmäßige Ringvorlesungen an Studierende und nutzt die Vernetzungstreffen zum Debattieren und Mobilisieren. Ebenso können Studierende an Projekten wie dem UniGardening im Botanischen Garten teilnehmen.

Analyse der Kommunikationsmaßnahmen

Kommunikationsmaßnahmen der Stabsstelle

Im Kontext der Kommunikationsmaßnahmen soll der Fokus auf solchen Inhalten liegen, die ökonomisches und ökologisches Handeln vereinen. In Anbetracht der ausgewählten Bezugsgruppe erscheint dies sinnvoll, da den Studierenden der FU eine besondere Rolle als Multiplikator_innen des Nachhaltigkeitsgedankens zukommt. Dieser Gedanke wird vielleicht weniger durch rationale Argumente wie Kosteneinsparungen beim Bau energieeffizienter Gebäude getragen, sondern vielmehr durch emotionale und im Alltag von Studierenden präsente Aspekte, die im besten Falle aktiv von ihnen mitgestaltet und umgesetzt werden können. Dass der kooperative Aspekt eine wichtige Rolle für erfolgreiches Nachhaltigkeitsmanagement spielt, betont auch der Leiter der Stabstelle, Andreas Wanke: "Sustainability management is not only a leadership responsibility but requires the acceptance and cooperation of everyone involved at the university".[46]

In Bezug auf die gewählte Bezugsgruppe stellt sich hier die Frage, inwiefern „everyone" neben den Mitarbeiter_innen tatsächlich die Studierenden einschließt. Eine Suche des Stichwortes „Studierende/n" im Umwelthandbuch ergibt nur wenige Treffer. Der in diesem Zusammenhang relevanteste findet sich in folgender Aussage wieder: „Da auch die Studierenden maßgeblichen Einfluss auf den Ressourcenverbrauch haben, hat der/die Umweltverantwortliche des Standortes dafür Sorge zu tragen, dass in Bereichen, in denen Studierende verkehren, entsprechende Verhaltensmaßregeln zur Ressourcenschonung kommuniziert werden".[47]

Zur genaueren Erläuterung wird im Anschluss auf Kapitel 6.1. verwiesen, welches sich jedoch wieder lediglich mit der Mitarbeiterbeteiligung beschäftigt. „Verhaltensmaßregeln" werden folglich als notwendig betrachtet, eine tatsächliche Umsetzung ist aber, zumindest im Umwelthandbuch, nicht geregelt. In der weiteren Analyse der Kommunikationsinhalte der Stabsstelle liefern die „Praktischen Tipps" jedoch einen Ansatz in dieser Richtung. Ohne einen eindeutigen Hinweis auf die Zielgruppe beinhalten diese einige Anleitungen zum Energie- und

---

[46] Wanke, A. 2014: Nachhaltiges Campus-Management an der Freien Universität Berlin. In A. Brunnengräber, M. R. Di Nucci (Hrsg.), *Im Hürdenlauf zur Energiewende: Von Transformationen, Reformen und Innovationen* (S. 309-328). Wiesbaden: Springer VS. https://link.springer.com/content/pdf/10.1007%2F978-3-658-06788-5.pdf, S. 311.

[47] FU-Berlin „Umwelthandbuch": http://www.fu-berlin.de/sites/nachhaltigkeit/downloads/umwelthandbuch.html [nur für FU Angehörige verfügbar]

Ressourcensparen beim Heizen, Beleuchten, Belüften und Kühlen sowie im Umgang mit Bürogeräten. Einerseits werden exakte Richtwerte für die Einstellung des Heizreglers und die ideale Zimmertemperatur genannt. Andererseits finden sich hier aber auch fast schon selbstverständliche Hinweise, zum Beispiel zum Ausschalten von PCs und Druckern sowie der Beleuchtung beim Verlassen des Raumes. Aus dem Gespräch mit Andreas Wanke ging hervor, dass er die Studierenden der FU nicht unbedingt als Adressaten solcher Energiesparmaßnahmen sieht. Dies begründete er mit dem Argument, die Studierenden hätten – im Gegensatz zu den FU-Mitarbeiter_innen – aufgrund ihrer vergleichsweise kurzen Studiendauer keine geregelte Alltagsroutine auf dem Campus, was eine Änderung bestimmter Verhaltensmuster erheblich erschwere.

Dass ein ökologisches Bewusstsein bei den Studierenden wohl kaum durch einen Ratgeber auf der Webseite der Stabsstelle geschaffen werden kann, ist an dieser Stelle einleuchtend. Ebenso erscheint es fraglich, ob beispielsweise der unter der Rubrik „Downloads" verfügbare Flyer mit „Informationen zur Abfalltrennung" an diesem Ort seine Wirkung effizient erzielen kann. Selbst wenn sich diese Inhalte tatsächlich mitunter an die Studierenden richten sollen, so werden sie nur dann gefunden, wenn aktiv danach recherchiert wird und nicht in dem Moment, da Mülltrennung tatsächlich geschieht und sich an Ort und Stelle Fragen dazu auftun. Im Kontext der Handlungsempfehlungen sollen einige Ansätze aufgeführt werden, die aufzeigen, wie die Integration der Studierenden in ein nachhaltiges Campus-Management durch geschicktere Platzierung solcher Tipps besser gelingen kann. Entgegen der Aussage Wankes soll dadurch aufgezeigt werden, dass die Studierenden durch entsprechende Maßnahmen einen Beitrag zum Energie- und Ressourcensparen leisten und damit ihr eigenes Umweltbewusstsein fördern können.

Bei der Analyse der Online-Präsenz der Stabsstelle fiel uns ferner auf, dass die Dialog- und Feedbackmöglichkeiten auf der Webseite sehr eingeschränkt oder nicht vorhanden waren. Unter der Rubrik „Über uns/ Team" gibt es eine Übersicht der einzelnen Verantwortlichen mit Verweis auf deren unterschiedliche Aufgaben und unter Angabe der jeweiligen Telefonnummern und E-Mail-Adressen. Wie auf allen Webseiten der FU sind im unteren Teil die offiziellen und allgemeinen FU-Social-Media-Kanäle verlinkt. Die Stabsstelle verfügt nicht etwa über eigene Social-Media-Kanäle oder sonstige weitere Formen der Online-Präsenz. Jedoch kann die Online-Präsenz von Sustain It! in gewisser Weise auch indirekt der Stabsstelle zugeschrieben werden, da diese stark an der Initiative mitwirkt und die Möglichkeit zum Dialog und zur Partizipation nutzt. Die oben erwähnten „Praktischen Tipps" gehen mit dem Hinweis einher, bei „Fragen zu Themen und Details, die über die Inhalte dieser Seite hinausgehen" via Email Kontakt aufzunehmen.[48]

Kommunikationsmaßnahmen von Sustain It!

Grundlegend erfüllt die Webseite von Sustain It! den Zweck als Präsentationsplattform zu dienen, auf der die Programminhalte vorgestellt werden. Einzelne Reiter verweisen auf die kategorisch sortierten Aktivitäten, die entweder angekündigt oder rückblickend dokumentiert wor-

---

[48] FU-Berlin „Über uns": http://www.fu-berlin.de/sites/nachhaltigkeit/ 01_ueberuns/index.html

den sind. Eine gesonderte Spalte fungiert als „Nach-
richten- und Terminkalender", in dem aktuelle Daten zu
Seminaren, geplanten Aktionen und Ähnlichem angekündigt werden. Zudem werden Netzwerke und Koopera-
tionspartner_innen auf einer eigenen Unterseite vorgestellt. Hier wird jedoch bei genauerem Durchklicken deutlich, dass vereinzelte Links nicht mehr aktuell sind oder
auf deren Webseiten nicht auf Sustain It! zurückverwiesen
wird, was eine aktive Kooperation fragwürdig erscheinen
lässt.

Ein konkretes Nachhaltigkeitsleitbild der Initiative wird auf
der Webseite nicht aufgeführt. Wobei jedoch naheliegt,
dass sie sich hier am Nachhaltigkeitsleitbild der Stabsstelle orientiert, auf das Sustain It! mehrfach verweist.
Zudem bietet die Initiative unter „Über uns" ein aus-
führliches Konzept, das die eigenen Handlungs- und Lösungsansätze beleuchtet. In erster Linie kann festgestellt
werden, dass Nachhaltigkeit durch Programme und Mit-
mach-Aktionen an Studierende herangetragen wird und
die Webseite diese vorrangig vorstellt.[49]

Mit der Kunstaktion ART TO STAY machte Sustain It! im
Jahr 2016 beispielsweise auf den hohen Verbrauch von
Wegwerf-Kaffeebechern aufmerksam. Im Botanischen
Garten, der zur Freien Universität gehört, können
Studierende und Interessierte beim UniGardening
Gemüse und Kräuter anbauen und die Flächen somit
nachhaltig nutzen. Außerdem soll es unter Anderem 2017
wieder eine Kleidertausch-Aktion geben, bei der alte
Klamotten wiederverwertet und untereinander getauscht
statt weggeworfen werden.

---

[49] http://www.fu-berlin.de/sites/sustain/ueberuns/konzept/index.html

Der relativ vielseitige Aktivitätenkatalog erweist sich im Hinblick auf die Zielgruppe zunächst als praktisch: Studierende haben möglicherweise neben einem vollen Stundenplan nicht viel Zeit oder Motivation, sich in ihrer Freizeit beispielsweise in ein Nachhaltigkeitsseminar zu setzen. Womöglich sind sie auf abwechslungsreiche Programmpunkte angewiesen, die sich vom sonstigen Universitätsalltag abheben und Nachhaltigkeit ohne zusätzliche Leistungsanforderungen an sie herantragen. Zwar hat Sustain It! auch einen Platz im Lehrangebot der Freien Universität (z. B. die Vorlesungsreihe „Raus aus der Krise!"), jedoch ist dieses freiwillig und kann von besonders engagierten und interessierten Studierenden besucht werden.

Generell wird der Eindruck erweckt, dass man zwangsläufig vor Ort sein muss, um teilzuhaben. Womöglich entsteht hier ein Partizipationsdruck für alle, die sich nicht als stark engagierte Aktivist_innen sehen und zunächst über einen kleineren Handlungsspielraum (zu wenig Zeit oder Flexibilität) verfügen. Hier könnten sich kleinere „Einsteiger"-Aktionen anbieten, die sich eher mit Alltag und Routine der Studierenden vereinbaren lassen und einen einfacheren Zugang zu nachhaltigen Handlungsansätzen gewähren. Eventuell könnte man hierzu die Studierenden selbst befragen, wie sie ihren eigenen Handlungsspielraum einschätzen und zu welchem Grad an Engagement sie bereit wären.

Wie bereits angedeutet, verfügt die Initiative für Nachhaltigkeit und Klimaschutz über eine kleine Auswahl an Social-Media-Präsenzen – Facebook und YouTube. Dass diese überhaupt existieren wird jedoch erst bei näherer Recherche deutlich. Auf Facebook stößt man nur über eine Google-Suche, da auf der Webseite keine Verlinkung zu finden ist. Auf den YouTube-Kanal kommt man erst über das Vorstellungsvideo von Sustain It!, auf das auf einer Unterseite verwiesen wird.

Bereits hier könnte man eine Verbesserung ansetzen: eine präsente und gut sichtbare Positionierung von Links oder Icons am Kopf der Webseite könnte den Zugang zu den Netzwerken vereinfachen, Verknüpfungen schaffen und die Community möglicherweise auf einfachem Wege vergrößern und stärken. Dies könnte dem dialogorientierten Ansatz der Initiative entgegenkommen.

Sustain It! ist bislang in dem sozialen Netzwerk Facebook am aktivsten. Nach aktuellem Stand hat die Seite 711 Likes (Stand 28.07.2017). Wöchentlich gewinnt die Seite ungefähr einen Like und postet durchschnittlich 2-3 Beiträge in der Woche. Oft werden in den Posts aktuelle Termine angekündigt, zu laufenden Projekten berichtet oder auch zu anderen ökologischen und nachhaltigen Inhalten, zum Beispiel von Greenpeace, Stellung genommen. Im Gegensatz zur Webseite scheint hier der Kooperationsaspekt und Austausch mit anderen Initiativen oder NGO's ein wenig stärker.[50]

Ein Dialog mit Studierenden der Freien Universität ist jedoch immer noch nicht ersichtlich. Zwar ist Facebook als Netzwerk zum Austausch konzipiert (siehe „Kommentarfunktion"), jedoch scheint keiner der Beiträge von Sustain It! wirklich einen Dialog initiieren zu wollen. Zudem setzen sich die verhältnismäßig wenigen Likes der Beiträge (zwischen 0-11 Likes) aus den immer wieder gleichen Pro-

---

[50] Facebook „Sustain It!": https://www.facebook.com/sustain.it/

filen zusammen. Dies lässt vermuten, dass sich die Onlin-
eaktivität von Sustain It! vorwiegend an Eingeweihte
richtet und weniger neue Interessent_innen anlockt. Wie
auf der Webseite liegt hier der Fokus auf der Vorstellung
der Inhalte, Terminankündigungen und Ausbreitung von
Programmpunkten. Erneut entsteht der Eindruck, es werden Aktivist_innen mit viel Freizeit und hohem Maß an Engagement angesprochen, was Studierende abschrecken
könnte, die die Webseite nur beim Browsen durchklicken.

Die Videoplattform YouTube ist von der Initiative bislang
ebenso genutzt worden. Nach aktuellem Stand hat der
Kanal von Sustain It! 3 Abonnent_innen. Es wird auf die
Webseite verwiesen, aber wieder fehlt eine Verlinkung zu
der Facebook-Seite. Da auf dem Kanal nur zwei Videos
hochgeladen wurden, die beide jeweils mehr als ein Jahr
alt sind, erscheint dieser Kanal eher inaktiv. Die rund 450
Views des Vorstellungsvideos der Initiative sind vermutlich
auf die Webseite zurückzuführen, auf der das Video verlinkt ist. Demnach scheint der YouTube-Kanal keinen
eigenen Zuschauerkreis zu haben. Das zweite Video, mit
nicht einmal 100 Views, zeigt eine Momentaufnahme, bei
der jeglicher Kontext zu einer nachhaltigen Thematik fehlt.
Im Gegensatz dazu erscheint das Vorstellungsvideo sehr
kreativ und aufwendig gestaltet, um die Kernbotschaft
von Sustain It! zu verbreiten.[51]

---

[51] Youtube „Sustain It!": https://www.youtube.com/channel/UCeP9vEP-
nR17nBxGlgqtQtLQ

Nachhaltigkeit an der Freien Universität wird vor allem von der Stabsstelle und der Initiative für Nachhaltigkeit und Klimaschutz Sustain It! gestützt. Diese wurden im Rahmen ihrer jeweiligen Gestaltung und Relevanz bezüglich der Zielgruppe Studierende gesondert voneinander betrachtet. Dass beide fortlaufend miteinander kooperieren und auch Schnittstellen bei vereinzelten Handlungsansätzen aufweisen (z. B. der Implementierung von Nachhaltigkeit im Vorlesungsverzeichnis, Seminarreihen, u. ä.), sollte hierbei natürlich Erwähnung finden. Doch was für eine Bilanz lässt sich nun ziehen? Wie funktionieren beide Einheiten miteinander und wie gelingt der FU die Kommunikation von Nachhaltigkeit im Gesamtbild?

Sustain It! ging 2010 als Initiative der Stabsstelle hervor, um einen dialogorientierten und partizipatorischen Ansatz für Studierende zu schaffen. Obwohl sie als eine Teileinheit der Stabsstelle betrachtet werden kann, werden zwei verschiedene Konzepte deutlich. Die Stabsstelle als schaltende, kontrollierende Kraft im Hintergrund, die Nachhaltigkeit auf dem Campus und in Lehre und Forschung einbettet. Die Initiative als interaktive Aktionsplattform mit Nähe zu den Studierenden, die Nachhaltigkeit auf Augenhöhe und mit spielerischen Lösungsansätzen kommuniziert. Somit sind zwei Handlungsspielräume gegeben, in denen sich die Akteure gemäß ihrer Grundsätze und Zielsetzungen bewegen und Nachhaltigkeit in unterschiedlichen Sphären des Campus implementieren.

Im Laufe der Betrachtung hat sich jedoch eine Frage ergeben, die jene Differenzierung in Frage stellt: Wenn

Nachhaltigkeit bereits so gut in den Universitätsalltag implementiert ist, wäre eine Initiative wie Sustain It! gar nicht mehr nötig? Schließlich könnte die Stabsstelle ihre Handlungs- und Lösungsansätze so weit optimieren, dass die Studierenden nachhaltigkeitsbezogene Aktivitäten und unterhaltende Angebote gar nicht mehr nutzen müssten, da das Wissen bereits gegeben wäre.

Doch die Vielfalt und eben jener Methodenmix sprechen für sich. Es lässt sich feststellen, dass sich beide Einheiten vielmehr ergänzen. In beiden Handlungsfeldern werden unterschiedliche Mechanismen bedient, die Studierende auf zahlreichen Ebenen ansprechen und sie mit dem Thema Nachhaltigkeit konfrontieren. Am Ende des Tages resultiert aus der Vielfalt eine vielschichtige Präsenz und Sensibilisierung der Thematik. Denn schließlich sind die Studierenden Individuen mit unterschiedlichen Motivationen, Routinen und Interessen. Mit nur einem Handlungs-ansatz an alle Studierenden zu appellieren, könnte die Chancen auf Erfolg womöglich mindern. Sprich, je größer das Angebot und die Möglichkeiten nachhaltig auf dem Campus mitzuwirken, desto besser lassen sich viele Bezugsgruppen und deren Interessen einbinden.

Den nachfolgenden Handlungsempfehlungen liegt die Annahme zugrunde, dass die FU – sowohl die Stabsstelle als auch Sustain It! – nur einen Bruchteil der Studierenden mit ihrer Nachhaltigkeitskommunikation erreicht. Während Sustain It! aufgrund der vergleichsweise geringen Social-Media-Aktivität sowie dem Fokus auf „offline"-Aktivitäten eher solche Studierende erreicht, die sich in Sachen Umweltschutz möglicherweise bereits aktiv engagieren, konzentriert sich die Stabsstelle durch nachhaltiges Campus-Management vor allem auf die FU-Mitarbeiter_innen. Demnach zielen die Best-Practice-Empfehlungen mitunter darauf ab, mit Nachhaltigkeitskommunikation an der FU auch Studierende über die Gruppe der etablierten Umweltaktivist_innen hinaus zu erreichen und sie außerdem zu animieren, ihr Umweltbewusstsein nicht nur über Dialog, Projekte und Lehre, sondern auch über ganz alltägliches ressourcensparendes Handeln auf dem Campus zu fördern.

Integration der Studierenden in nachhaltiges Campus-Management

Um Umweltbewusstsein im Alltag der Studierenden zu erreichen, könnten schon ganz einfach zu realisierende Kommunikationsmaßnahmen ausreichen. Je präsenter Hinweise zum Ressourcensparen auf dem Campus platziert sind, desto eher kann man dem von Wanke angesprochenen Problem der fehlenden Routine unter Studierenden entgegenwirken. Entsprechend der „Praktischen Tipps" auf der Webseite der Stabsstelle, könnten solche Maßnahmen in Form von Hinweisschildern an Ort und Stelle platziert werden. Zu denken wäre hier zum Beispiel an Erinnerungshilfen zum Thema Beleuchtung, Heizen, Mülltrennung, Wasser- und Papierverbrauch (insbesondere auf den Toiletten) und Ähnliches. Dass Studierende beispielsweise verinnerlichen, das Licht bei Verlassen des Raumes auszuschalten, ist viel wahrscheinlicher, wenn ein Tipp dazu direkt neben dem Lichtschalter platziert ist, als wenn man diesen zu einem beliebigen Zeitpunkt online auf der Webseite der Stabsstelle gelesen hat. Nach diesem Muster könnte man auch dazu anregen, auf den Toiletten nur so viele Papierhandtücher wie nötig zu verwenden oder das Thermostatventil wie empfohlen maximal auf die Stufe 3,5 einzustellen.

Durch beständige Erinnerung an den sparsamen Umgang mit Ressourcen im Alltag könnte man dies Studierenden näherbringen und ihr Umweltbewusstsein mit vergleichsweise geringem Aufwand stärken. Da die Studierenden einen erheblichen Einfluss auf den Ressourcenverbrauch auf dem Campus haben, wäre eine solche Maßnahme nicht nur unter ethischen, sondern auch finanziellen Gesichtspunkten von Interesse für die Stabsstelle. Gleichzeitig wäre ein solche Maßnahme eine Möglichkeit, um den in Sachen Umweltbewusstsein weniger umsichtigen Studierenden einen Anstoß zu geben, ohne große Debatten oder Treffen zunächst einmal „klein anzufangen". Dies wäre lediglich die praktische Umsetzung dessen, was im Umwelthandbuch als notwendige „Verhaltensmaßregeln zur Ressourcenschonung" beschrieben wird.

Analog zum Prämiensystem in den Fachbereichen könnte man einen ähnlichen Anreiz für Studierende schaffen, beim Ressourcensparen mitzuhelfen. So könnte nachhaltiges Verhalten aktiv belohnt werden, um zukünftiges Handeln oder besonderes Engagement auf dem Campus zu stärken, beispielsweise mit einem kleinen Freikontingent auf der Mensacard. Einen solchen Anreiz bieten bereits Vergünstigungen auf den Kauf von Heißgetränken für Kund_innen mit selbst mitgebrachten Bechern in einigen Campus Cafés. Durch ein Belohnungssystem könnte die langfristige Umsetzung von Nachhaltigkeit auf dem Campus gefördert werden, solange es zielgerichtet eingesetzt wird und für alle Beteiligten unmittelbar verständlich ist.

Interaktion und Feedback in Social Media stärken

Wie im vorigen Kapitel bereits angedeutet, sind die Möglichkeiten für Dialog, Interaktion und Feedback sowohl in Bezug auf die Stabsstelle als auch bei Sustain It! ausbaufähig. Dass diese bei der Stabsstelle eher gering ausfallen, ist hinsichtlich ihrer eher verwaltenden als dialogorientierten Rolle im Großen und Ganzen nachvollziehbar. Doch auch beim Thema „nachhaltiges Campus-Management" könnte etwas mehr Spielraum für ein Feedback der Studierenden von Vorteil sein, vor allem auch in Bezug auf die bereits vorgeschlagene Integration der Studierenden in das Ressourcensparen an der FU. Entsprechend der Aufforderung an die FU-Mitarbeiter_innen, sich aktiv mit Vorschlägen einzubringen (siehe „Umwelthandbuch"), könnte auch den Studierenden eine solche Einflussnahme nähergebracht werden. Für die Realisierung von Punkt 1 könnte es in diesem Kontext beispielsweise von Nutzen sein, unter den Studierenden vorab eine Umfrage durchzuführen, um herauszufinden, in welchen Bereichen des Unialltags sie eine Änderung des eigenen Verhaltens als realisierbar ansehen. Anhand einer solchen Umfrage könnten die „Verhaltensmaßregeln" angepasst werden. Es wäre auch zu überlegen, ob „Maßregeln" nicht durch eine positivere Wortwahl, bspw. „Empfehlungen" eher an Studierende herangetragen werden können.

Vor allem aber sollte die Initiative Sustain It! als eigentliche Plattform zur Partizipation von Studierenden stärker in den Dialog mit ihren Zielgruppen treten. Auf diese Weise würde Sustain It! weniger „geschlossen" auftreten und die Hemmschwelle gerade für die Studierenden senken, die sich (noch) nicht als Aktivist_innen sehen oder erst einmal nur mitverfolgen möchten, was die Initiative leistet. Wie bereits angedeutet, vermittelt die Programmauswahl von Sustain It!, die online und offline zu finden ist, auf Dauer den Eindruck, verstärkt an Umweltaktivist_innen und sehr engagierte Studierende zu appellieren. Interessierte Studierende könnten sich hier womöglich überfordert fühlen, sei es aus Zeit- oder Flexibilitätsmangel. Hin und wieder wirkt Sustain It! wie ein eingeschweißter Kreis aus Mitwirkenden, der zwangsläufig ein hohes Maß an Aktivität und Engagement voraussetzt. Der Zugang für Studierende, die sich neu mit der Thematik befassen, sollte hier vereinfacht werden.

Hier könnte sich beispielsweise ein Twitter-Account in Kooperation mit dem FU-Account lohnen. Auf Twitter lassen sich kurze Botschaften, Bilder und Links schnell teilen und da Twitter auch bei Studierenden und vor allem politisch Interessierten verbreitet ist, könnte Sustain It! so eine größere Reichweite erzielen. Bislang besitzt Sustain It! keinen eigenen Twitter-Account, wird aber vom FU-eigenen Twitter-Account hin und wieder erwähnt, wenn es um nachhaltige Aspekte rund um die Universität geht. Womöglich könnte die Initiative dies als Chance nutzen, um über einen eigenen Twitter-Account in Dialoge mit Studierenden zu treten und Aufmerksamkeit für die Aktivitäten zu generieren. Eventuell könnte man hier enger mit dem Account der FU kooperieren und sich gegenseitig retweeten, um Studierende innerhalb der Universität und auch außenstehende Interessierte für die Relevanz von Nachhaltigkeit zu sensibilisieren und die Community zu festigen.

Bezüglich des Facebook-Accounts könnten ebenso einige Optimierungen vorgenommen werden. Dieser ist zwar aktiv, zeigt aber schnell einen Mangel an Dialog mit den Studierenden. Hier könnte man Follower vermehrt nach Meinungen und Anregungen fragen, eventuell auch Einsendungen und Bilder von Projekten erbitten. So könnten die Studierenden nicht nur oberflächlich partizipieren, sondern der Initiative gleichzeitig eigens gesetzte Handlungsspielräume aufzeigen und vermitteln, was ihnen selbst an nachhaltigem Wirken möglich ist.

Obwohl YouTube für diese Zielgruppe ein weniger relevantes Netzwerk darzustellen scheint, würde es sich möglicherweise bereits lohnen bestehende Inhalte versierter mit der Kernbotschaft zu verbinden. Zudem könnte man zusätzliche Inhalte für den YouTube-Kanal erstellen, beispielsweise die Dokumentation vergangener Programme. Aber wie bereits erwähnt, ist YouTube für diese Zielgruppe vermutlich als Medium weniger relevant für die Kommunikation von nachhaltigen Inhalten als beispielsweise Facebook.

Abb. 4: Instagram Post vom 10.02.2017 @fu-berlin. https://www.instagram.com/fu_berlin/

Über die Kanäle von Sustain It! hinaus, könnte es auch sinnvoll sein, die offiziellen und allgemeinen Kanäle der FU verstärkt mit Inhalten zum Thema Nachhaltigkeit zu bespielen. Ein Beispiel für einen der selten nachhaltigkeitsbezogenen Instagram-Posts ist in Abb. 4 zu sehen.

Ein Bild der FU-eigenen Solaranlagen ist mit folgendem Titel versehen: „Heute hat die #Solaranlage auf den Dächern der Rost-, Silber- und Holzlaube endlich mal wieder was zu tun. Wir wünschen euch ein wunderbar sonniges #Wochenende, an dem ihr eure Akkus hoffentlich aufladen könnt." Mit diesem Post wird eher indirekt auf das Thema Nachhaltigkeit angespielt, da die Solaranlagen zwar abgebildet sind, aber nicht wirklich im Kontext erneuerbarer Energien stehen, sondern eher für ein Wortspiel herhalten. Ein Beitrag dieser Art erfüllt zwar seinen Zweck, indem er subtil auf Umweltaspekte an der FU anspielt, gibt aber für die Studierenden weder einen Anlass, um selbst aktiv zu werden, noch informiert er hintergründig zum Thema Nachhaltigkeit (zum Beispiel: „Die Solaranlage steuert xx % des gesamten Energiebedarfs der FU bei").

Da die FU-Kanäle aber über die größere Reichweite verfügen, könnte man über diesen Weg immer noch die meisten Studierenden erreichen, selbst wenn Sustain It! seine Social-Media-Präsenz ausbauen würde. Um dieses Potential auszuschöpfen, könnte Sustain It! beispielsweise im Namen der FU auf Instagram zum Thema Nachhaltigkeit posten, über Aktionen und Treffen informieren und mehr Aufmerksamkeit, vor allem auch in Form von Followern, über die Grenzen der „Aktivist_innen" hinaus, generieren. Beispielsweise könnte man in

Form eines Selfies oder eines Bild-Posts mit dem Hashtag #campuscup auf die nachhaltige Methode aufmerksam machen, die Kaffeepause mit dem wiederverwertbaren Campus-Cup anstelle eines Wegwerfbechers zu verbringen.

Um die oben genannten Handlungsempfehlungen mit dem Ziel der Integration der Studierenden in nachhaltiges Campus-Management durchzusetzen, könnte sich auch die Stabsstelle, trotz ihrer Rolle als koordinierende Instanz, mehr in die Social-Media-Aktivität der FU integrieren. Denkbar wäre es vor diesem Hintergrund die erwähnten Hinweise und „Verhaltensmaßregeln" spielerisch und ansprechend gestaltet, in nicht zu kurzen aber dennoch regelmäßigen Abständen über die FU-Kanäle nach außen zu tragen. Im Gegensatz zu den „Praktischen Tipps" auf der eigenen Webseite, würden solche Hinweise die Studierenden, insofern Sie den entsprechenden Accounts folgen, auch wirklich erreichen, wenn auch nur unterbewusst beim Durchscrollen des eigenen Feeds. So könnte man ergänzend zu den oben genannten Gedächtnisstützen auf dem Campus Erinnerungshilfen auch online verbreiten, was die Wahrscheinlichkeit der Verinnerlichung zusätzlich erhöhen würde.

Ein letzter kleinerer Kritikpunkt betrifft das Zusammenspiel der Stabsstelle und der Initiative Sustain It!. Auch wenn die Stabsstelle und Sustain It! unterschiedliche Handlungsfelder bearbeiten und sich an andere Bezugsgruppen richten, könnte deren Schnittstelle ersichtlicher sein. Studierenden wird beispielsweise nicht auf Anhieb klar, dass Sustain It! ursprünglich aus der Stabsstelle hervorging. Somit könnte man Sustain It! konkret als „die Nachhaltigkeitsbeauftragten der Freien Universität" charakterisieren und (im wahrsten Sinne des Wortes) mehr „Links" zueinander schaffen. Denn ebendiese Kooperation geht beispielsweise aus der Webseite der Stabsstelle kaum hervor. Um Studierende auch zukünftig zu mobilisieren und für Nachhaltigkeit an der Universität stark zu machen, sollte man die Relevanz von Sustain It! in Zusammenarbeit mit der Stabsstelle hervorheben, und womöglich als „Herzstück" herausarbeiten.

Literatur und Quellen

Deutsche UNESCO-Kommission/ Hochschulrektorenkonferenz „Hochschulen für nachhaltige Entwicklung": https://www.hrk.de/fileadmin/redaktion/A4/Hochschulen_und_Nachhaltigkeit_HRK_DUK.pdf (Abgerufen am 27.06.2017).

Facebook „Sustain It!": https://www.facebook.com/sustain.it/ (Abgerufen am 27.06.2017).

FU-Berlin „campus.leben": http://www.fu-berlin.de/campusleben/campus/2015/151123-termin-nachhaltigkeitsleitbild/index.html (Abgerufen am 27.06.2017).

FU-Berlin „Nachhaltigkeitsleitbild": http://www.fu-berlin.de/sites/nachhaltigkeit/01_ueberuns/Leitbild_index.html (Abgerufen am 27.06.2017).

FU-Berlin „Umwelthandbuch": http://www.fu-berlin.de/sites/nachhaltigkeit/downloads/umwelthandbuch.html [nur für FU Angehörige verfügbar] (Abgerufen am 27.06.2017).

FU-Berlin „Über uns": http://www.fu-berlin.de/sites/nachhaltigkeit/01_ueberuns/index.html (Abgerufen am 27.06.2017).

Stabstelle Nachhaltigkeit und Energie (2017): „Nachhaltiges Campus-Management an der Freien Universität Berlin". http://www.fu-berlin.de/sites/nachhaltigkeit/10_dokumente/Praesentationen/Praesentationen_ABV/6_Termin_NK-Management-_23_05_2017_AWanke_final.pdf (Abgerufen am 11.07.2017).

UNESCO „Bildung": https://www.unesco.de/bildung/
bildung-2030/bildung-und-sdgs.html (Abgerufen am
27.06.2017).

Vereinte Nationen "Our Common Future Chapter 2": http://www.un-documents.net/ocf-02.htm#I (Abgerufen am
27.06.2017).

Virtuelle Akademie Nachhaltigkeit „Zukunftsfähige Hochschulen
gestalten": https://www.fona.de/mediathek/pdf/Zukunfts-
faehige_Hochschulen_Gestalten_netzwerk_n_VA_on-
line.pdf (Abgerufen am 27.06.2017).

Wanke, A. 2014: Nachhaltiges Campus-Management an der
Freien Universität Berlin. In A. Brunnengräber, M. R. Di
Nucci (Hrsg.), *Im Hürdenlauf zur Energiewende: Von
Transformationen, Reformen und Innovationen* (S.
309-328). Wiesbaden: Springer VS. https://link.springer.-
com/content/pdf/10.1007%2F978-3-658-06788-5.pdf
(Abgerufen am 27.06.2017).

Wanke, A. 2016: Sustainable Campus Management at Freie
Universität Berlin – Governance and Partizipation Matter.
In W. L. Filho, M. Mifsud, C. Shiel, R. Pretorius (Hrsg.),
*Handbook of Theory and Practice of Sustainable Deve-
lopment in Higher Education Vol. 3* (S. 27-45). Wiesbaden: Springer. https://link.springer.com/content/pdf/
10.1007%2F978-3-319-47895-1.pdf (Abgerufen am
27.06.0217).

Youtube „Sustain It!": https://www.youtube.com/channel/UCe-
P9vEPnR17nBxGlgqtQtLQ (Abgerufen am 27.06.2017).

Abbildungen

Abb. 1: Nachhaltigkeitsdimensionen an der FU
(eigene Darstellung).

Abb. 2: Chronologie Nachhaltigkeits-Management der FU (nach
Stabstelle Nachhaltigkeit und Energie (2017), S. 15).

Abb. 3: Wesentliche Bezugsgruppen der Stabsstelle
(eigene Darstellung)

Abb. 4: Instagram Post vom 10.02.2017 @fu-berlin. https://www.instagram.com/fu_berlin/ (Abgerufen am 27.06.2017).

Tönnies Lebensmittel GmbH & Co. KG

Jil Marie Welbers, Winona Marie Schnellbächer, Davina Geschanowski

Einleitung

Aufgrund des Bestrebens der Bevölkerung hin zu einer nachhaltigeren Konsumweise, steht die Fleischwirtschaft immer mehr unter öffentlichem Druck (Heinrich-Böll-Stiftung/BUND, 2016, S.7). Kritikwürdig an der modernen Fleischwirtschaft sind nicht nur Verletzungen des Tierrechts, sondern ebenso die starke Umweltbelastung durch die Massentierhaltung (Heinrich-Böll-Stiftung/BUND, 2016, S. 4, 10,16). Bei erhöhter Fleischproduktion ist die Zahl landwirtschaftlicher Betriebe in den letzten Jahren um fast 90 Prozent gesunken. Während sich der Fleischkonsum in den letzten Jahren nicht wesentlich verändert hat, stieg die Produktion drastisch an. Um auf dem Weltmarkt bestehen zu können, setzen Unternehmen der Fleischindustrie auf Wachstum und verdrängen kleinere landwirtschaftliche Betriebe vom Markt (Heinrich-Böll-Stiftung/BUND, 2016, S. 8f.). Die Hälfte der Fläche Nordrhein-Westfalens, dem Standort der Hauptgeschäftsstelle des Schlachtunternehmens Tönnies, wird für den Anbau von pflanzlichen Futter- und Lebensmitteln, sowie für die Viehhaltung genutzt. Das Grundwasser des Bundeslandes weist aufgrund der Massentierhaltung einen besonders hohen gesundheitsschädlichen Nitratgehalt auf.[52]

---

[52] Die Massenzucht und –mast von Tieren geht mit viel anfallendem Mist einher. Dieser wird wiederum in Form von Gülle auf den Äckern entsorgt. Sobald der Boden den Mist nicht mehr aufnehmen kann, steigt die Nitratbelastung im Grundwasser (Heinrich-Böll-Stiftung/BUND, 2016, S. 28f.).

Die folgende Online-Analyse der Nachhaltigkeitskommunikation des Unternehmens Tönnies Holding GmbH & Co. KG (im Folgenden: Tönnies) soll zeigen, wie sich der gesellschaftliche Druck auf kommunikative Maßnahmen des Unternehmens auswirkt. Dafür dienen die zwei exemplarisch ausgewählten Bezugsgruppen Mitarbeiter_innen und Konsument_innen als Rahmen unterschiedlicher Forderungen und kommunikativer Handlungen. Letztlich läuft dies auf die Frage hinaus, was in Bezug auf ökonomische, ökologische und soziale Nachhaltigkeitsmaßnahmen kommuniziert wird und welche realen Verhältnisse dem gegenüberstehen.

Vorstellung des Akteurs

Tönnies ist ein Familienunternehmen, das 1971 gegründet wurde und seinen Hauptsitz in Rheda-Wiedenbrück hat. Das Kerngeschäft des Unternehmens ist die Schlachtung, vollautomatisierte Zerlegung und Verarbeitung von Schlachttieren. Im Jahr 2016 schlachtete das Unternehmen 16,2 Millionen Schweine und 424.000 Rinder.[53] Das Unternehmen gliedert sich in vier Geschäftsfelder: *Meat*, *Convenience*, *Ingredients* und *Logistics*. Die Abteilung *Meat* wird auf der Webseite wie folgt vorgestellt:

> Die Tönnies-Erfolgsgeschichte beginnt mit dem einzigartigen Qualitäts- und Frischekonzept. Durch die nachhaltige biologische Einheit von Schlachtung, Zerlegung und Verpackung unter einem Dach, bringt diese Philosophie höchste Produktfrische.[54]

---

53 Tönnies (2016) „Fast Facts Tönnies" http://www.toennies.de/fileadmin/content/documents/Dr._Vielst%C3%A4dte/fast_facts.pdf

54 Tönnies „Division Meat" http://www.toennies.de/ueber-toennies/divisionen/division-meat.html

Im Geschäftsfeld *Meat* steht die Qualitätssicherung im Vordergrund, welche durch die Inline-Produktion gesichert werden soll. Die Inline-Produktion beinhaltet einen Produktionsablauf, der von der Schlachtung bis zum Endprodukt an einem Ort abläuft und in dem „die Kühl- und Hygienestrecke an keiner Stelle unterbrochen" wird.[55]

Die Division *Convenience* macht Produkte marktgerecht und verbreitet sie international. Je nach Anforderungen verschiedener Märkte und Kund_innen werden Produkte unterschiedlich aufbereitet: Frisches SB-Fleisch (aus der Selbstbedienungstruhe im Supermarkt), TK Convenience (Tiefkühlprodukte), Frische-Convenience (Fleisch an der Verkaufstheke), veredelte Fleischwaren (wie z.B. Wurstwaren oder andere verarbeitete Fleischprodukte).[56]

Die Division *Ingrediens* produziert und vermarktet die in der Lebensmittelproduktion anfallenden verwendbaren Nebenprodukte: „Aus diesen streng kontrollierten tierischen wie auch pflanzlichen Rohstoffen entstehen Endprodukte von hohem Mehrwert, bester Qualität und vielseitiger Funktionalität". Es werden tierische und pflanzliche Rohstoffe zu Endprodukten wie Eiweiß, Mehl und Fett verarbeitet. Diese Produkte finden Verwendung in den Bereichen Pharmazie, Kraftstoffherstellung oder Nahrungsmittel- und Futtermittelindustrie. Bei dieser Pro-

---

55 Tönnies „Geschäftsfelder" http://www.toennies.de/fileadmin/content/documents/Dr._Vielstädte/geschaeftsfelder.pdf

56 Tönnies „Division Convenience" http://www.toennies.de/ueber-toennies/divisionen/division-convenience.html

duktion arbeitet Tönnies mit unterschiedlichen Unternehmen zusammen.[57]

Die Division *Logistics* ist hauptsächlich für die Lagerung, Distribution und den Transport der Produkte verantwortlich. Für den Transport ist das Tochterunternehmen TEVEX Logistics GmbH zuständig. Im Mittelpunkt dieses Geschäftsfeldes steht die geschlossene Kühlkette und die Planung der gesamten Logistikkette. Beteiligt am Transport sind neben den TEVEX Lastwagen auch Bahnen oder Schiffe.[58]

In den Geschäftsbereichen Meat, Convenience, Ingrediens und Logistics agiert Tönnies auch international. Der Exportanteil beträgt über 50 Prozent.[59] Neben dem Export ins Ausland baut Tönnies auch Mast- und Schlachtbetriebe im Ausland auf.

---

[57] Tönnies „Division Ingredients" http://www.toennies.de/ueber-toennies/divisionen/division-ingredients.html

[58] Tönnies „Division Logistics" http://www.toennies.de/ueber-toennies/divisionen/division-logistics.html

[59] Tönnies (2016) „Fast Facts Tönnies" http://www.toennies.de/fileadmin/content/documents/Dr._Vielst%C3%A4dte/fast_facts.pdf

Nachhaltigkeit bei Tönnies

Die nachhaltige Unternehmensführung liegt in unserer Verantwortung und steht im Mittelpunkt unseres Handelns. Nicht nur reden, sondern handeln. Wir verschreiben uns seit Jahren aktiv der Nachhaltigkeit.[60]

Das Thema Nachhaltigkeit nimmt einen wesentlichen Teil der Online-Kommunikation des Unternehmens Tönnies ein. Die Domain www.toennies.de dient als zentraler Ausgangspunkt für die Online-Analyse der kommunizierten Nachhaltigkeitsbestrebungen des Unternehmens. Die Webseite zeigt sich im klassischen Design mit großem Banner und einer übersichtlichen Navigation. Beispielhaft für die klare Strukturierung ist die Unterteilung des Unternehmens auf der Webseite in die vier Bereiche "Meat", "Convenience", "Ingredients" und "Logistics". Auf der Startseite werden zudem aktuelle Neuigkeiten präsentiert, welche ein bis zweimal pro Monat aktualisiert werden. Diese Informationen werden einseitig kommuniziert. Die Webseite-Besucher_innen werden lediglich informiert und erhalten keinerlei Möglichkeit des Feedbacks, in Form von Kommentarfeldern oder Ähnlichem. Das Thema Nachhaltigkeit ist in der Kommunikation des Unternehmens ein wesentlicher Bestandteil. Dies wird bereits dadurch ersichtlich, dass auf der Webseite der Reiter "Verantwortung" integriert ist, der die Besucher_innen zu einem weiteren Reiter "Nachhaltigkeit" weiterleitet. Hier wird das Nachhaltigkeitsbild des Unternehmens näher beschrieben und in die folgenden Bereiche aufgeschlüsselt: Ökologie, Ökonomie und Soziales. Diese Struktur der Drei-

---

[60] Tönnies „Nachhaltigkeit" http://www.toennies.de/verantwortung/nachhaltigkeit.html

gliedrigkeit wird sich in der Struktur unserer Analyse wiederfinden.

Ökologische Nachhaltigkeit meint die Stärkung regionaler landwirtschaftlicher Strukturen, sowie die Verbesserung des Tierschutzes durch artgerechte Haltung, tiergerechte Schlachtung sowie den tiergerechten Transport. Ökonomische Nachhaltigkeit zielt auf die strategische Kommunikation, die relevant für den Vertrieb der Produkte im Einzelhandel ist. Tönnies erhofft sich dadurch marktgerechte und gesicherte Qualität sowie einen ökonomischen Vorsprung vor Konkurrenten. Im sozialen Bereich engagiert sich Tönnies vor allen Dingen für eine ausgewogene Gestaltung des Arbeitsplatzes und des Umfeldes, wie auch die Anwerbung neuer Mitarbeiter_innen.

Sowohl die kommunizierte ökonomische als auch ökologische Nachhaltigkeit sind mit Aspekten der Distribution verbunden. Tönnies meint damit eine effiziente, termintreue und flexible Tourenplanung. Unter Logistics als einem Geschäftsfeld fällt also eine gute Planung des Transports der Tiere und Produkte, um den CO2 Ausstoß zu senken. Die Verringerung des CO2 Ausstoßes wird auch durch die Umstellung auf Fahrzeuge mit der Abgasnorm EURO 6 gesichert.[61] Nachhaltiges oder ökologisches Handeln stehen in den Geschäftsbereichen im engen Kontakt mit ökonomischen Faktoren. Eine gut geplante Logistikkette ist ökologisch sinnvoll, reduziert aber gleich-

---

[61] "Ab dem 1. September 2014 dürfen Diesel-Pkw lediglich 80 mg Stickoxide pro Kilometer emittieren. Der bisherige Grenzwert für Diesel lag bei 180 mg pro Kilometer. Bei Benzin-Pkw bleibt dieser Grenzwert mit 60 mg pro Kilometer unverändert." Baumann, U. „Fakten zur verschärften Abgasnorm" Auto-Motor-Sport.de 25.08.2014. http://www.auto-motor-und-sport.de/news/euro-6-fakten-zur-verschaerften-abgasnorm-8562923.html (Zugriff: 22.05.17)

zeitig auch die Betriebskosten. Der Gedanke, dass Wirtschaftlichkeit und Nachhaltigkeit in engem Verhältnis zueinander stehen, zeigt auch der Leitsatz des Unternehmens in Bezug auf Nachhaltigkeit:

> Aus großer Wirtschaftskraft folgt große Verantwortung – dessen sind wir uns bewusst. Daher legen wir Wert auf Nachhaltigkeit und Umweltverträglichkeit unserer Produktionsbedingungen. Mit Hilfe innovativer Techniken und dem Engagement unserer Mitarbeiter bringen wir Ökologie und Ökonomie in Einklang und leisten durch Einsatz modernster Technologien einen aktiven Beitrag zum Umweltschutz.[62]

Auch in der Verarbeitung wird die angestrebte ökonomische und ökologische Nachhaltigkeit betont. Die Inline-Produktion sichert neben der Qualität auch kürzere Transportwege und reduziert so den CO2-Ausstoß. Intensiver auf das Thema Nachhaltigkeit geht die Karriereseite 100% Team Tönnies mit der Benennung der *Green Logistics* ein.

> Green Logistics – das ist für uns nicht nur irgendein Trend, den alle mitmachen. Wir sehen darin die Optimierung aller logistischen Prozesse unter der Berücksichtigung ökologischer Nachhaltigkeit. Denn wir fühlen uns für unsere Umwelt verantwortlich und möchten deshalb einen Beitrag zum Klimaschutz leisten.[63]

Daneben formen soziale Aspekte das Nachhaltigkeitsbild des Unternehmens. Unter der Rubrik „Verantwortung" finden sich neben der Rubrik „Nachhaltigkeit" auch Infor-

---

[62] **Karriere bei Tönnies „Emotionen"** http://www.karriere-bei-toennies.de/emotionen/

[63] **Karriere bei Tönnies „Logistik"** http://www.karriere-bei-toennies.de/logistik/

mationen zur firmeneigenen Kita und der „Aktion Kinderträume". Diese werden von Tönnies als unternehmenseigene Projekte unterstützt. Unter „Karriere", der mit einer externen Seite bei Tönnies verbunden ist, wird näher auf das Personal unter dem Aspekt der *Human Resources* eingegangen. Es werden Karrierechancen, Stellenangebote und Mitarbeiter_innen-Vorteile aufgeführt. Die Seiten „Karriere" bei Tönnies und „Aktion Kinderträume" sollen im Laufe der Analyse exemplarisch für die Kommunikation des sozialen Nachhaltigkeitsbildes des Unternehmens genauer analysiert werden.

Es lässt sich bisher zusammenfassend sagen, dass das Thema Nachhaltigkeit einen wesentlichen Bestandteil der Online-Kommunikation des Unternehmens einnimmt. Tönnies präsentiert Bestrebungen in der Verbesserung und Erhaltung ökologischer, ökonomischer und sozialer Nachhaltigkeit. Die Erzielung ökologischer Nachhaltigkeit geht dabei häufig mit ökonomischen Vorteilen für Tönnies einher bzw. wird so dargestellt.

Bezugsgruppen und spezifische Maßnahmen

Das Thema der Nachhaltigkeit wird an verschiedene Bezugsgruppen mit je eigenen Maßnahmen und Plattformen kommuniziert. Hier soll besonders die Kommunikation in Bezug auf Mitarbeiter_innen und Konsument_innen exemplarisch betrachtet und diskutiert werden.

Konsument_innen

Konsument_innen werden auf der Webseite von Tönnies über Maßnahmen zur Verbesserung des Tierwohls informiert. Dabei geht es vor allem um eine artgerechte Aufzucht der Schlachttiere. Deutlich wird dies durch einen Verweis zur fTrace-App, die es Verbraucher_innen ermöglicht den Produktcode von Lebensmitteln zu scannen, um mehr über die Herkunft (Schlachtdatum, Verpackungsdatum etc.) des Fleisches zu erfahren. Die fTrace-App sorgt für Transparenz gegenüber Verbraucher_innen, da sie Zugriff auf Daten haben, ohne großen Aufwand zu betreiben. Im Sinne der Transparenz spielen Aspekte wie Qualität oder Tierwohl eine entscheidende Rolle. Verbraucher_innen werden auf der Unternehmenswebseite über beide Aspekte aufgeklärt.[64]

Die Webseite hat auch einen eigenen Bereich zum Thema des Qualitätsmanagements. Hier betont Tönnies seine Inline-Produktion, bei der Schlachtung, Zerlegung, Produktion und Verpackung eine Einheit bilden sollen und daher unter einem Dach stattfinden. Eine stufenübergreifende, integrierte Qualitätssicherung soll in allen Produktionsprozessen vorhanden sein. Tönnies fasst dies unter dem Slogan „From stable to table".[65] Des Weiteren verweist Tönnies auf die Einhaltung und Zertifizierung nach den höchsten nationalen und internationalen IFS-, BRC- und QS Standards. Die genannten Siegel sind auf der Webseite aufgelistet, werden den Konsument_innen aber nicht weiter erklärt oder zur Erklärung weiter verlinkt.

Die Produktion von qualitativ hochwertigem Fleisch meint nicht nur gesicherte Verarbeitungsprozesse nach der

---

[64] Tönnies „Transparenz und Rückverfolgbarkeit" http://www.toennies.de/qualitaetsprinzip/transparenz-und-rueckverfolgbarkeit.html

[65] Tönnies „Qualität und Sicherheit" http://www.toennies.de/qualitaetsprinzip/qualitaet-und-sicherheit.html

Schlachtung, sondern beginnt laut Tönnies mit der Aufzucht, Haltung und Schlachtung der Tiere. Eine besondere Rolle spielt für Verbraucher_innen des Fleisches eine qualitative und antibiotikafreie Fütterung. Tönnies betont hier eine angemessene Fütterung ihrer Schlachttiere gemäß der Positivliste für Einzelfuttermittel. Diese wurde vom Zentralausschuss der Deutschen Landwirtschaft erarbeitet und listet Futtermittel auf, die für die Erzeugung von Lebensmitteln tierischer Herkunft verwendet werden können. Bei der Positivliste handelt es sich um eine freiwillige Vereinbarung betroffener Organisationen und Wirtschaftskreise. Eine Normenkommission prüft die darin aufgelisteten Futtermittel hinsichtlich einer für Nutztiere angemessenen und für deren Gesundheit nicht beeinträchtigenden Ernährung. Somit handelt es sich nach Darstellung des Zentralausschusses der Deutschen Landwirtschaft um eine differenziertere Auflistung, als es für das europäische Futtermittelrecht gängig ist. Darüber hinaus verweist Tönnies auf der Unternehmenswebseite auf dessen Partnerfirmen acontex, Fapro, Progra und Veracus. Diese trennen und verarbeiten Nebenprodukte der Schlachtung. So entwickelt beispielsweise Veracus aus Abfallprodukten Nahrungsergänzungsmittel. Diese sollen Krankheiten vorbeugen und dadurch die unnötige Gabe von Antibiotikum in den Futtermitteln der Nutztiere verhindern.[66]

Tönnies betont die gemeinsame Erarbeitung von Kriterien mit der Animal Welfare Foundation, die dem Anspruch einer tiergerechten Aufzucht gerecht werden sollen. Exemplarisch sind Kriterien, wie tierartgerechte Beschäfti-

---

[66] Tönnies „Division Ingredients" http://www.toennies.de/ueber-toennies/divisionen/division-ingredients.html

gungsmöglichkeiten, sowie angemessene Platzverhält-
nisse zu nennen. Neben der artgerechten Aufzucht der
Tiere versichert Tönnies den Schlachtprozess für die Tiere
möglichst artgerecht und stressfrei zu gestalten. Das Unternehmen spricht an dieser Stelle von dem „Tier-
schutzgerechten automatischen Zutriebs- und Betäu-
bungssystem" (TAZB). Dieses System soll die Einhaltung
von Kriterien sicherstellen, wie z.B. dem Transport in
tiergerecht ausgestatteten Transportern, die ständige An-
wesenheit von Veterinären, dem Verbot von Treibstöcken,
sowie den Einsatz beruhigender Musik und ausreichender
Ruhepausen.[67]

Mitarbeiter_innen

Ein positives Image des Unternehmens für potentielle Mi-
tarbeiter_innen spielt für Tönnies eine besondere Rolle.
Das zeigt sich vor allem auf der Webseite „100% Team
Tönnies", die sich mit den Karrieremöglichkeiten im Unternehmen auseinandersetzt. Das ansprechende Design
dieser Seite vermittelt abwechslungsreich und gut struk-
turiert alle wichtigen Informationen rund um das Unternehmen im Bereich der Lebensmittelindustrie. Dabei
werden die Informationen in "Fakten", "Emotionen", "Karriere bei Tönnies" und "Stellenangebote" unterteilt.
Welche Informationen in den unterschiedlichen Rubriken
hervorgehoben werden, soll im Folgenden betrachtet
werden.

---

[67] Tönnies „Unternehmensentwicklung" http://www.toennies.de/filead-
min/content/documents/Dr._Vielst%C3%A4dte/unternehmensen-
twicklung.pdf. Siehe auch „Präventives Qualitäts- und Sicherheits-
management" http://www.toennies.de/uploads/media/Praeven-
tives_Qualitaets_u_Sicherheitsmanagement.pdf

Unter "Fakten" finden Webseite-Besucher_innen alle relevanten Informationen zum Profil des Unternehmens. Tönnies stellt sich umfassend vor und bereitet diese Informationen grafisch anspruchsvoll auf. Neben Geschäftszahlen und Auszeichnungen wird die Unternehmensphilosophie vorgestellt. So werden unter der Rubrik nicht nur die familiäre Unternehmenspolitik betont sondern auch Nachhaltigkeitsbestrebungen. Darüber hinaus wird Tönnies als international agierendes, erfolgreiches Unternehmen präsentiert. So wird der Umsatz von fünf Milliarden Euro[68], sowie die verschiedenen Standorte weltweit durch große grüne Zahlen, die unmittelbar ins Auge fallen, gezeigt. Internationalität wird nicht nur anhand der Standorte unterstrichen, sondern auch durch die Präsentation von Tönnies als Arbeitgeber für Mitarbeiter_innen diverser Nationalitäten. Zudem wird der Unternehmensstandort Rheda-Wiedenbrück als attraktiv und chancenstark dargestellt.

Unter der Rubrik "Emotionen" wiederum finden sich Themen wie Tierschutzbestrebungen, die einen wesentlichen Teil des kommunizierten Nachhaltigkeitsbildes einnehmen. Der Reiter "Karriere bei Tönnies" leitet die Besucher_innen zu Berufsportraits verschiedener Mitarbeiter_innen, die als positive Karrierebeispiele fungieren. Die darin präsentierten Aufstiegs-chancen finden sich auch in einer Grafik wieder, die vier Gründe für einen Berufseinstieg bei Tönnies präsentiert. Neben Karrierechancen werden hier Gründe wie eine angenehme Arbeitsatmosphäre, die Kolleg_innen zu Freund_innen werden lassen, das Wohlergehen der Mitarbeiter_innen durch diverse Freizeitangebote, sowie die Lebensmittelbranche als wachsendes Ge-

---

[68] Im Jahr 2016 lag der Umsatz bereits bei 6,3 Milliarden Euro (Tönnies „Fast Facts Tönnies" http://www.toennies.de/fileadmin/content/documents/Dr._Vielst%C3%A4dte/fast_facts.pdf)

schäftsfeld genannt. Daneben wird gezielt mit Vorteilen für potenzielle Arbeitnehmer_innen geworben. Sei es ein betriebseigener Kindergarten, Weiterbildungsmöglichkeiten oder Hilfen für Bewerber_innen – das Unternehmen hat zahlreiche Angebote, die seine Attraktivität für potenzielle neue Mitarbeiter_innen steigern sollen. Eine individuelle Ansprache, Talentförderung während der Ausbildung und diverse Karrierewege lassen das Unternehmen in einem guten Licht erscheinen. Ein schneller Zugriff zur Online-Bewerbung soll die Kontaktaufnahme erleichtern.

Das Unternehmen positioniert sich als attraktiver Arbeitgeber, der seinen Mitarbeiter_innen viele Vorteile bietet und sich daneben sozial engagiert. Hierbei ist stets zu berücksichtigen, dass qualifizierte Arbeitskräfte ein ökonomisches Wachstum sichern. Was aus sozialer Sicht lobenswert erscheint, wird aus wirtschaftlicher Sicht notwendig, um dem Unternehmen „nachhaltig" eine gute Stellung am Markt zu sichern. Die Nachhaltigkeitsbestrebungen des Unternehmens sind demnach nicht nur auf ökologische und ökonomische Aspekte zu beschränken. Soziale Bestrebungen zielen auf eine nachhaltige Erhaltung bestehender Mitarbeiter_innen, sowie die Neugewinnung von Arbeitnehmer_innen.

Bewertung der Kommunikationsmaßnamen

Die vorgestellten Kommunikationsmaßnahmen für Konsument_innen und Mitarbeiter_innen sollen nun vor dem Hintergrund des *Greenwashing* (siehe Einleitung zu diesem Band) und in Bezug auf die realen Verhältnisse kritisch beleuchtet werden. Laut einer Umfrage des Bundesministeriums für Landwirtschaft aus dem Jahr 2015 sind rund 80 Prozent der Deutschen bereit höhere Preise für qualitativ wertvolleres Fleisch zu zahlen (Heinrich-Böll-Stiftung/BUND, 2016, S. 6). Tönnies betont immer wieder seine Bestrebungen durch die Herkunftskontrolle und In-line-Produktion qualitativ gutes Fleisch zu vertreiben. Allerdings stehen für Verbraucher_innen keine Nachhaltigkeits- oder Finanzberichte zur Verfügung, an denen gemessen werden könnte, wie viel Geld tatsächlich in die Umsetzung der kommunizierten Maßnahmen fließt. Maßnahmen für eine nachhaltigere Produktionsweise von Seiten des Unternehmens sind nur schwer zu überprüfen. Daher sind Transparenz und Leistungsnachweise wesentlich (Meffert, Rauch & Lepp, 2010, S. 30). Tönnies gewährleistet diesen Einblick allerdings nicht.

Zum Einen betont das Unternehmen landwirtschaftliche Strukturen und Betriebe aus der Region zu stärken. Andererseits sprechen die eingangs erwähnten Schlachtzahlen eher für eine industrielle Produktionsweise des Unternehmens. Darüber hinaus ist die Zahl landwirtschaftlicher Betriebe bei erhöhter Produktion in den letzten 20 Jahren in Deutschland um fast 90 Prozent gesunken, was gegen eine Stärkung landwirtschaftlicher Strukturen spricht (Heinrich-Böll-Stiftung/BUND, 2016, S. 8). Während sich der Fleischkonsum in den letzten Jahren nicht wesentlich verändert hat, stieg die Produktion drastisch an, was zu einem Exportüberschuss geführt hat. Tönnies wirbt mit einem Exportanteil von über 50 Prozent. Dadurch positioniert sich das Unternehmen als international erfolgreich. Dass es insgesamt einen Exportüberschuss an Fleischwaren gibt, wird von Tönnies an dieser Stelle nicht kommuniziert. Um auf dem Weltmarkt bestehen zu können, setzen Unternehmen wie Tönnies - aber nicht Tönnies allein - auf stetiges Wachstum. Diese Entwicklungen haben das Verschwinden landwirtschaftlicher, regionaler Betriebe zur Folge (Heinrich-Böll-Stiftung/BUND, 2016, S. 8f.).

Tönnies platziert auf der Startseite seiner Hauptwebseite die Ökozertifizierung ISO 14001. Dabei muss jedoch beachtet werden, dass zwar für das Erlangen der Zertifizierung externe Gutachter_innen das Unternehmen hinsichtlich seiner Umweltschutzmaßnahmen untersuchen, die Umweltleitlinien jedoch von den Unternehmen selbst festgelegt werden (Müller, 2007, S. 7). Die TerraChoice Environmental Marketing Agency nennt „sieben Sünden" des *Greenwashings*, also der (übertriebenen) positiven Dar-stellung von Nachhaltigkeitsbestrebungen (Dahl, 2010, S. 249). Einige dieser „Sünden" treffen auch auf die Kommunikationsmaßnahmen zur Nachhaltigkeit von Tönnies zu. Die „sin of the hidden trade-off" bezeichnet die Überhöhung bestimmter nachhaltiger Produktionsweisen eines Produktes, gleichzeitig jedoch das Auslassen anderer umweltschädlicher Aspekte in dem Produktionsprozess. So betont Tönnies zwar diverse Tierschutzmaßnahmen und einen ressourcenschonenden Umgang, die drastischen Folgen der Massentierhaltung insgesamt werden jedoch mit keinem Wort beleuchtet.

Des Weiteren wird die „sin of false labels" genannt. Tönnies platziert auf der Startseite konzerneigene Siegel, wie das „CSR & Human Resource" Siegel. Diese sind jedoch nicht zurückzuverfolgen. Mit der Präsentation dieses Siegels, wird den Besucher_innen der Webseite signalisiert, CSR oder soziale Unternehmensverantwortung sei ein wesentlicher Bestandteil der Unternehmensführung. So schreibt Tönnies auf der Webseite:

Wie aus der bisherigen Analyse hervorgeht, ist CSR im Kerngeschäft des Unternehmens verankert. Dazu ist eine glaubwürdige Kommunikation dieser Bestrebungen unabdingbar. Mit Blick auf die mangelnde Transparenz von Siegeln und das Verschweigen makroökologischer Folgen der Massentierhaltung wird ein Konflikt zwischen ökonomischen und ökologischen Interessen deutlich. Dieser Konflikt lässt dann auch Zweifel an einer tatsächlich nachhaltigen Unternehmensführung aufkommen (Meffert, Rauch & Lepp, 2010, S. 30). Als weitere Strategie des *Greenwashings* zählt die Behauptung mit Umweltorganisationen in Dialog zu treten (Müller, 2007, S. 3). Tönnies behauptet einen Kriterienkatalog mit der Animal Welfare Foundation erarbeitet zu haben. Jedoch finden sich dazu keine genaueren Informationen. Wann der Katalog erarbeitet wurde oder welche Kriterien darin genannt werden, wird nicht ersichtlich.

Einige Maßnahmen unterstützen die kommunizierten Nachhaltigkeitsbestrebungen, wie die Förderung von Forschungsprojekten, die die Nutztierhaltung zum Gegenstand haben und dementsprechend zur Verbesserung der Lebensbedingungen für Nutztiere beitragen sollen. Außerdem sind ehrenamtliche gesellschaftliche Tätigkeiten ebenfalls ein Teil der sozialen Verantwortung des Unternehmens. Hierunter zählt beispielsweise der private Förderverein „Aktion Kinderträume", in dem der

---

[69] Tönnies „Nachhaltigkeit" http://www.toennies.de/verantwortung/nachhaltigkeit.html

Geschäftsführer von Tönnies, Clemens Tönnies, Mitglied des Vorstandes ist. Dennoch ist zu sagen, dass das soziale Nachhaltigkeitsbild strategisch darauf ausgelegt ist, das Unternehmen wirtschaftlich zu stärken.

Eine nicht zu vergessene Maßnahme ist zudem die Einführung der sogenannten *fTrace-App*, mit der Tönnies auf die Erwartungen der Verbraucher_innen hin zu mehr Transparenz und Information über die Produktionskette des Fleisches reagiert hat. So ist die Platzierung von Informationen direkt auf dem Produkt für Konsument_innen eine wirkungsvolle Lösung Informationen anzubieten. Verbraucher_innen werden so effektiv von einer tiefer gehenden Recherche zu Tönnies abgehalten. Dass Tönnies selbst keine Nachhaltigkeitsberichte veröffentlicht mag dabei auch unbemerkt bleiben. Im Geschäftsbereich Logistics wird betont, dass alle Lastwagen auf die Abgasnorm EURO 6 angepasst sind. Hier wird der der Anschein erweckt, dass dies außerordentlich nachhaltig oder ökologisch wertvoll sei. Letztlich passt sich Tönnies aber nur an bestehende Abgasnormen und rechtliche Rahmenbedingungen an. Dies wird aber als besondere Anstrengung des Unternehmens zur Steigerung seiner Nachhaltigkeit betont.

Abschließend ist festzuhalten, dass Tönnies sich dem herrschenden gesellschaftlichen Druck mit seiner Nachhaltigkeitskommunikation anpasst, aber über die gegebenen Richtlinien keine Maßnahmen in Richtung nachhaltiger Fleischwirtschaft in Angriff nimmt. Die kommunikativen Maßnahmen erwecken, ganz im Sinne des *Greenwashings*, den Eindruck einer strategischen Unternehmenspolitik, die vorwiegend der „nachhaltigen" Gewinnsicherung und -optimierung dient. Wie aus der vorliegenden Analyse hervorgeht, kommuniziert das Unternehmen strategisch seine ökologische, ökonomische und soziale Nachhaltigkeit, die selbstverständlich die wirtschaftliche Stärke des Unternehmens in Zukunft sichern soll. Nachhaltigkeitsbestrebungen in sozialer oder ökonomischer Hinsicht werden nur insoweit relevant, wie sie dem Unternehmen einen wirtschaftlichen Vorteil und Potenzial für weiteres Wachstum verschaffen.

Quellen

Tönnies

Tönnies „Division Convenience" http://www.toennies.de/ueber-toennies/divisionen/division-convenience.html (Abgerufen am 16.05.2017).

Tönnies „Division Ingredients" http://www.toennies.de/ueber-toennies/divisionen/division-ingredients.html (Abgerufen am 16.05.17).

Tönnies „Division Logistics" http://www.toennies.de/ueber-toennies/divisionen/division-logistics.html (Abgerufen am 16.05.2017).

Tönnies „Division Meat" http://www.toennies.de/ueber-toennies/divisionen/division-meat.html (Abgerufen am 16.05.2017).

Tönnies „Fast Facts Tönnies" http://www.toennies.de/fileadmin/content/documents/Dr._Vielst%C3%A4dte/fast_facts.pdf (Abgerufen am 16.05.2017).

Tönnies „Geschäftsfelder" http://www.toennies.de/fileadmin/content/documents/Dr._Vielstädte/geschaeftsfelder.pdf (Abgerufen am 23.05.2017).

Tönnies „Nachhaltigkeit" http://www.toennies.de/verantwortung/nachhaltigkeit.html (Abgerufen am 22.05.2017).

Tönnies „Qualität und Sicherheit" http://www.toennies.de/qualitaetsprinzip/qualitaet-und-sicherheit.html (Abgerufen am 22.05.2017).

Tönnies „Transparenz und Rückverfolgbarkeit" http://www.to-
ennies.de/qualitaetsprinzip/transparenz-und-rueckver-
folgbarkeit.html (Abgerufen am 16.05.2017).

Tönnies „Startseite" http://www.toennies.de/home.html (Abgerufen am 16.05.2017).

Tönnies „Unternehmensentwicklung" http://www.toennies.de/
fileadmin/content/documents/Dr._Vielst%C3%A4dte/un-
ternehmensentwicklung.pdf (Abgerufen am 16.05.2017).

100% Team Tönnies
Karriere bei Tönnies „Emotionen" http://www.karriere-bei-toen-
nies.de/emotionen/ (Abgerufen am 16.05.2017).

Karriere bei Tönnies „Logistik" http://www.karriere-bei-toen-
nies.de/logistik/ (Abgerufen am 22.05.2017).

Karriere bei Tönnies „Startseite" http://www.karriere-bei-toen-
nies.de (Abgerufen am 15.05.2017).

Tönnies Forschung „Startseite" http://www.toennies-forschun-
g.de/tf/home.php (Abgerufen am 16.05.2017).

Literatur

Baumann, U. „Fakten zur verschärften Abgasnorm" Auto-Mo-
tor-Sport.de 25.08.2014. http://www.auto-motor-und-
sport.de/news/euro-6-fakten-zur-verschaerften-abgas-
norm-8562923.html

Dahl, R. (2010). Green Washing: Do You Know What You're
Buying?. *Environmental Health Perspectives* 118, 246 –
252.

fTrace-App „Startseite" http://www.ftrace.com/de/de (Abgerufen am 15.05.2017).

Heinrich-Böll-Stiftung, Bund für Umwelt- und Naturschutz
Deutschland (2016): Fleischatlas. Daten und Fakten über
Tiere als Nahrungsmittel. Verfügbar unter: https://ww-
w.boell.de/de/2016/01/13/fleischatlas-deutschland-re-
gional (Abgerufen am 20.02.2017).

Meffert, H., Rauch, C. & Lepp, H. (2010): Sustainable Branding. Mehr als ein neues Schlagwort?! *Nachhaltigkeitskommunikation*, 27 (5), 28 – 35. https://doi.org/10.1007/s11621-010-0075-9

Müller, U. (2007): Greenwash in Zeiten des Klimawandels. Wie Unternehmen ihr Image grün färben. Lobby Control. Verfügbar unter: https://www.lobbycontrol.de/download/greenwash-studie.pdf (Abgerufen am 20.02.2017).

Verbraucher Initiative e.V. (2014): Nachhaltiger Handel(n). Umwelt- und Sozialverantwortung im Einzelhandel und bei Herstellern. Verfügbar unter: http:// verbraucher.org/media/file/52.6Bros_CSR.pdf (Abgerufen am 20.02.2017).

Bundesprogramm Ökologischer Landbau (BÖLN)

Sina Thäsler-Kordonouri, Julia Nowara,
Imam Rahmansyah

Einleitung

Das Bundesprogramm Ökologischer Landbau und andere Formen nachhaltiger Landwirtschaft (BÖLN) ist ein von der Bundesregierung finanziertes Langzeitprojekt, das seit 16 Jahren Nachhaltigkeitskommunikation unter deutschen Verbraucher_innen und landwirtschaftlichen Erzeuger_innen betreibt. Ziel ist es, den Ökolandbau als festen Bestandteil der deutschen Konsumlandschaft zu etablieren und gesellschaftsübergreifend zu popularisieren. Mithilfe vielseitiger, zielgruppenorientierter Kommunikationsstrategien versucht das Programm einen kreislaufartigen Diskurs in der Gesellschaft zum Thema Nachhaltigkeit zu initiieren, um die Nachfrage und Produktion ökologisch nachhaltiger Güter zu etablieren.

Diese Arbeit hat zum Ziel die Kommunikationsstrategien des BÖLN zu analysieren. Die Adressaten der Nachhaltigkeitskommunikation des Programms werden in verschiedene Bezugsgruppen, auch Stakeholder genannt, unterteilt, für die jeweils individuell zugeschnittene Kommunikationsinstrumente genutzt werden. Hier lassen sich zwei gesellschaftlich besonders relevante Bezugsgruppen erkennen: die Erzeuger_innen und Verbraucher_innen (hier speziell Schülerinnen und Schüler).

Die Analyse der Kommunikationsstrategie des BÖLN für diese beiden Gruppen soll hier beleuchtet kritisch hinterfragt werden. Auch soll aufgezeigt werden, welche Instrumente der Nachhaltigkeitskommunikation zur Verfügung stehen, wenn unterschiedliche Bezugsgruppen mit verschiedenen Motiven und Interessen zeitgleich adressiert werden sollen. Diese Analyse basiert sowohl auf ausführlichen Online-Recherchen, als auch auf persönlich durchgeführten Interviews mit Mitarbeitern des Bundesprogramms.

Vorstellung des Akteurs

Das Bundesprogramm Ökologischer Landbau und andere Formen nachhaltiger Landwirtschaft (BÖLN) wurde 2001 als Bundesprogramm Ökologischer Landbau (BÖL) vom Bundesministerium für Ernährung und Landwirtschaft (BMEL) ins Leben gerufen. Ziel des Programms war - und ist es heutzutage noch - den ökologischen Landbau in Deutschland zu popularisieren und großflächig zu realisieren. Zu diesem Zweck bietet das Programm neben weiteren Initiativen hauptsächlich eine professionelle Umstellungsberatung für landwirtschaftliche Betriebe an. Der Nachhaltigkeitsgedanke wurde 2010 im Auftrag der Bundesregierung in das Programm und dessen Angebote integriert.[70]

Laut eigener Aussage basiert das Nachhaltigkeitsleitbild des Programms auf dem Nachhaltigkeitsleitbild der Bundesregierung, welches sich an den Richtlinien des Brundtland Berichts von 1987 und dem Aktionsprogramm Agenda 21 von 1992 orientiert. Darin werden die Schonung

---

[70] BÖLN „Wer wir sind": https://www.bundesprogramm.de/wer-wir-sind/ueber-das-bundesprogramm/

natürlicher Ressourcen, deren gerechte globale Verteilung, sowie allgemeingültige soziale Standards auf intragenerativer Ebene angestrebt.[71]

Natürlich übersteigt diese Themenvielfalt den Anwendungsbereich des BÖLN. Die für das Programm relevanten Nachhaltigkeitsthemen beziehen sich hauptsächlich auf ökologische Aspekte, und erst im zweiten und dritten Schritt auf ökonomische und soziale. Denn die großflächige Realisierung ökologisch wirtschaftender Betriebe hat das übergeordnete Ziel die natürlichen Ressourcen des Landes zu erhalten und zu regenerieren. Erst an zweiter Stelle kommt der ökonomische Mehrwert, welcher jedoch bei der Anwerbung der zu beratenden Betriebe als eines der Hauptargumente für die Attraktivität des Programms aufgeführt wird.

Als nachhaltig wirtschaftende Betriebe werden solche anerkannt, deren Erzeugnisse auf BIO-konforme Weise produziert wurden und nach erfolgreicher Kontrolle unter dem gleichnamigen Siegel im Einzelhandel vertrieben werden dürfen. Da sich das sechseckige BIO-Siegel als Weiterführung des EU-BIO-Logos versteht, und nur in Kombination damit genutzt werden darf, basieren dessen Anforderungen auf der Erfüllung der EU-Rechtsvorschriften für den ökologischen Landbau.[72]

Hinsichtlich der beiden zu adressierenden Stakeholder hat das Nachhaltigkeitsleitbild des BÖLN verschiedene Auslegungen. Im Falle der Erzeuger_innen kann ein direk-

---

[71] vgl. Bundesregierung „Nachhaltigkeitsstrategie": https://www.bundesregierung.de/Webs/Breg/DE/Themen/Nachhaltigkeitsstrategie/6-eine-strategie-begleitet-uns/nachhaltigkeitsstrategie/_node.html

[72] Ökolandbau „BIO-Siegel": https://www.oekolandbau.de/en/bio-siegel/

ter Einfluss auf das unmittelbare Handeln der Akteure festgestellt werden. Die Leitlinien des Programms zur Nachhaltigkeit müssen einen nachweisbaren Effekt auf die zu beratende Produktionsstätte haben, sonst sind die Bedingungen der Zusammenarbeit nicht erfüllt.

Bei den Verbraucher_innen, besonders den Schüler_innen, ist hingegen ein unterschwelliger Effekt beabsichtigt. Durch die Vermittlung des Mehrwerts nachhaltiger Güter wird eine langfristige Prägung des Konsumverhaltens der Schüler_innen erhofft. Das Nachhaltigkeitsleitbild basiert an dieser Stelle immer noch auf dem ökologischen Aspekt, ist jedoch stärker auf den sozialen wie auch den ökonomischen Aspekt fokussiert. Die „Fairness" spielt für Schüler_innen vielleicht eine weitaus wichtigere Rolle als die „Rentabilität", die für die Erzeuger_innen von Bedeutung ist.

Weitere adressierte Bezugsgruppen des Bundesprogramms sind die Forschung und Entwicklung, Multiplikator_innen (z.B. Journalist_innen), Händler_innen und Verbraucher_innen im Allgemeinen.[73] Die vorliegende Arbeit konzentriert sich dabei vor allem auf Erzeuger_innen und Verbraucher_innen.

Analyse der Kommunikationsmaßnahmen

Vorweg ist an dieser Stelle zu sagen, dass sich alle Kommunikationsstrategien des Bundesprogramms auf das Thema Nachhaltigkeit beziehen und dieses inhaltlich in den Vordergrund stellen. Die gewählten Kommunikationsinstrumente des BÖLN werden von den Verantwortlichen

---

[73] BÖLN „Was wir tun": https://www.bundesprogramm.de/was-wir-tun/

als effektivste Kommunikationsmethode eingestuft, um die jeweiligen Stakeholder zu erreichen und für die Idee des ökologischen Landbaus zu begeistern.

Die Erzeuger_innen und Verbrau-cher_innen werden auf diversen Kommunikationskanälen angesprochen und direkt oder indirekt über Multiplikator_innen und öffentlichkeitswirksame Aktionen wie Wettbewerbe und Messeauftritte erreicht. Die Nutzung digitaler oder gedruckter Angebote wird eng auf die Informationsgewohnheiten der Stakeholder abgestimmt. Dabei ist zu erwähnen, dass die Nachhaltigkeitskommunikation, beispielsweise über Flyer, persönlichen Kontakt oder Merchandise-Artikel, eine altbewährte und viel praktizierte Methode des Programms ist, die einen positiven werbenden Effekt hat.[74]

Neben der Webseite des Bundesprogramms dient die Plattform www.oekolandbau.de als aktionsübergreifendes Informationsportal. So wird das BÖLN auf der Homepage vorgestellt und näher erläutert, dessen Projekte und Veranstaltungen, sowie Links zu spezifischen Webseiten oder Wettbewerben werden hauptsächlich im Informationsportal platziert. Trotz seiner vielseitigen thematischen Ausrichtungen und diversen Ansprechpartner_innen, ist die Darstellung des Programms auf den beiden Webseiten übersichtlich und intern gut verlinkt.

Im Bereich Social Media hingegen sind einige Inkonsistenzen erkennbar. So haben weder das BÖLN noch die Plattform Ökolandbau.de eigene Social-Media-Präsenzen. Zwar verfügen einige der Aktionen des BÖLN über eigene

---

74 vgl. Leitfaden Öffentlichkeitsarbeit von oekolandbau.de

Social-Media-Auftritte (siehe unten), diese Kommunikationsstrategie wird aber nicht nicht konsequent für alle Aktionen gleichwertig durchgesetzt.

Im Gegensatz dazu verfügt das Bundesministerium für Ernährung und Landwirtschaft (BMEL), welches das BÖLN organisiert, über eine vielseitige Social-Media-Präsenz, inklusive einer aktiven Twitter-Seite mit knapp 25.000 Followern, einer Youtube-Seite mit knapp 800 Followern, sowie einer Facebook-Fanpage.[75]

Die fehlende Präsenz des BÖLN auf Social-Media-Plattformen scheint dabei einen unbegründeten Verlust an Kontaktmöglichkeiten darzustellen, da beispielsweise auf Twitter die Hashtags #böln und #ökolandbau vielverwendete Referenzen in themenverwandten Tweets aus Politik und Gesellschaft sind.

Abb.1: Tweet #ökolandbau, @RenateKuenast, 04.05.2017. https://twitter.com/RenateKuenast/status/860143841369874432 (Abgerufen am 26.06.2017).

---

[75] Twitter „BMEL": https://twitter.com/bmel; YouTube „BMEL": https://www.youtube.com/user/bmelv; Facebook „BMEL": https://www.facebook.com/pages/Bundesministerium-für-Ernährung-und-Landwirtschaft/108693899154288

Landwirtschaftliche Betriebe

Das Hauptziel des BÖLN ist die Förderung des ökologischen Landbaus in Deutschland. Dies macht die Erzeuger_innen zu einer der wichtigsten Bezugsgruppen des Programms. Das BÖLN richtet sich vor allem an kleine bis mittelgroße konventionelle Landwirtschaftsbetriebe. Für diesen Stakeholder soll die Umstellung nicht nur ökologisch, sondern auch ökonomisch rentabel sein. Durch die Integration ökonomischer Faktoren in die Umstellungsplanung der Betriebe strebt das BÖLN ein Konzept an, das auch für die Betriebe in sich nachhaltig ist, und mit dem ein langfristiger Erfolg beabsichtigt wird.

Da das BÖLN mit seiner Nachhaltigkeitskommunikation in der Gesellschaft an mehreren Stellen gleichzeitig ansetzt, sollen die Produktion und der Absatz ökologisch und nachhaltig erzeugter Produkte gleichzeitig erschlossen und gesichert werden. Dies erhöht auch die Attraktivität des Programms für die Betriebe. Gleichzeitig steigert das BÖLN die Reputation umgestellter Betriebe, da sie den wachsenden Ansprüchen der Verbraucher_innen an ökologische und nachhaltige Produktion gerecht werden können. Zum Ausdruck kommt dies beispielsweise über die BIO-Siegel.

Um dieses Ziel zu erreichen, stellt das BÖLN auf der einen Seite ein Netzwerk aus Berater_innen für die Betriebe zur Umstellung bereit und fördert auf der anderen Seite die Umstellungsberatung finanziell. Hinzu kommen hier Förderrichtlinien zu Art und Umfang der Unterstützung. So ist beispielsweise eine Voraussetzung für den Erhalt einer Förderung ein Betriebsstandort in der Bundesrepublik Deutschland, mit Primärproduktion landwirtschaftlicher

Erzeugnisse oder der Primärproduktion, Verarbeitung und Vermarktung landwirtschaftlicher Erzeugnisse. Des Weiteren muss die Rentabilität der Umstellung für den Betrieb gewährleistet sein, die Erfolgsaussichten sollen durch verbessertes Management gesteigert werden.

Während und nach der Umstellung wird in einem Zeitraum von bis zu drei Jahren die Anpassung der Produktionszweige angestrebt, sodass nach der Umstellung die Beibehaltung der nachhaltigen Bewirtschaftungsform gewährleistet ist. Dafür gibt es zwei Beratungsformen, vor und während der Umstellung. Damit die Inanspruchnahme dieser Beratungsformen attraktiver wird, wird sie vom BÖLN mit jeweils einmalig 50 Prozent der Beratungskosten bis maximal 4.000 Euro gefördert. Bislang wurden vom BÖLN bereits 535 Betreibe zur Umstellung beraten.[76]

Das BÖLN ist in diesem Kontext also vor allem als Vermittler unabhängiger Beratungsleistungen zu verstehen. Darüber hinaus finden sich auf der Homepage Weiterbildungsangebote zum Thema Landwirtschaft, die sich an Betriebe und deren Betreiber_innen richten. Hierzu gibt es Weiterbildungsseminare für Landwirtinnen und Landwirte, sowie Orientierungs-, Umstellungs- und Betriebsentwicklungsseminare. Die Kommunikation mit den Erzeuger_innen findet zunächst online über Informationsangebote statt, verlagert sich jedoch schnell zu einem langfristigen, persönlichen Kontakt.[77]

---

[76] BÖLN „Förderrichtlinien“: https://www.bundesprogramm.de/was-wir-tun/projekte-foerdern/forschungs-und-entwicklungsvorhaben/

[77] BÖLN „Wissenstransfer“: https://www.bundesprogramm.de/was-wir-tun/projekte-foerdern/wissenstransfer/

Eine ausschlaggebende Rolle in der Online-Kommunikation nimmt die Plattform Ökolandbau.de ein. Die Seite wird vom BMEL betrieben und bietet landwirtschaftlichen Betrieben wie auch weiteren Stakeholdern Einblicke in die ökologische und nachhaltige Landwirtschaft. Die Homepage des BÖLN ist mit dieser Plattform sehr gut vernetzt, um so die Suche nach Informationen zu vereinfachen.

Ökolandbau.de ist primär eine Informationsquelle, die auf verschiedene Stakeholder zugeschnitten ist. Unter dem Punkt „Erzeuger" findet sich als erstes die Kategorie „Umstellung". Weitere Unterpunkte hierzu sind (1) Umstellung in der Praxis, (2) Rechtliche Grundlagen, und (3) Fortbildung und Beratung. Unter (1) sind unter Anderem Informationen dazu aufgeführt, was „Öko" in der Praxis bedeutet und was bei einer ökologischen Landwirtschaft beachtet werden muss, z.B. ein geschlossener Betriebskreislauf oder die artgerechte Tier- und Pflanzenhaltung. Des Weiteren wird darüber informiert wie vor der Umstellung geplant werden sollte und welche Fördermöglichkeiten es gibt. Ökolandbau.de stellt also detaillierte Informationen für Landwirtinnen und Landwirte bereit und informiert interessierte Verbraucher_innen und Multiplikator_innen über den Ablauf des Programms.[78]

Ferner werden auf Ökolandbau.de die Wettbewerbe für landwirtschaftliche Betriebe, z.B. der „Bundeswettbewerb Ökologischer Landbau", vorgestellt, sowie das „Netzwerk der Demonstrationsbetriebe". Der „Bundeswettbewerb Ökologischer Landbau" ist ein von der Bundesagentur für Landwirtschaft und Ernährung (BLE) organisierter und vom Landwirtschaftsministerium initiierter Wettbewerb,

---

[78] vgl. Ökolandbau.de „Erzeuger": https://www.oekolandbau.de/erzeuger/

der seit 2001 jährlich stattfindet und mit insgesamt 22.500 Euro Preisgeld dotiert ist. Ausgezeichnet werden Betriebe, die Innovationen zum Thema ökologische und nachhaltige Landwirtschaft in den Bereichen Tierhaltung, Natur- und Ressourcenschutz, oder Energiemanagement anwenden. Ziel ist es, diese Konzepte nach Beenden des Wettbewerbs auf weitere Betriebe übertragen zu können. Des Weiteren soll der Wettbewerb auch Verbraucherinnen und Verbraucher näher an das Thema Ökolandbau heranführen und so den Weg für ökologisch erzeugte Produkte in der gesamten Wertschöpfungskette ebnen.[79]

Eine weitere kommunikative Maßnahme des BÖLN ist das „Netzwerk der Demonstrationsbetriebe", ein online kommuniziertes und offline realisiertes Aktionsprogramm für Erzeuger_innen und Verbraucher_innen. Die bereits erkannte Vermittlerrolle des BÖLN wird bei dem „Netzwerk der Demonstrationsbetriebe" fortgeführt, das seit 2002 existiert und momentan mehr als 240 ökologisch wirtschaftende Betriebe umfasst. Zweck ist es Verbraucher_innen einen Einblick in die ökologische Landwirtschaft zu geben, indem der Zugang zu diesen Betrieben ermöglicht wird. „Bio live erleben!" ist hierbei das Motto. Demonstrationsbetriebe befinden sich in ganz Deutschland und decken die ganze Bandbreite regionaltypischer Produktionsschwerpunkte ab. In erster Linie sollen sie dem Wissenstransfer dienen und die erste Anlaufstelle zum unmittelbaren Informationsaustausch sein. Daher ist ein Auswahlkriterium die unabhängige Zertifizierung des Betriebs. Hierbei sind zwei Ansätze zu unterscheiden, die sich jeweils an verschiedenen Zielgrup-

---

[79] BMEL „Bundeswettbewerb Ökologischer Landbau": https://www.b-mel.de/DE/Landwirtschaft/Nachhaltige-Landnutzung/Oekolandbau/_Texte/BundeswettbewerbOekologischerLandbau.html

pen orientieren. Der erste Ansatz sind meist die kleineren Demonstrationsbetriebe, die vor allem für Verbraucher_innen oder Schulgruppen interessant sind. Der zweite Ansatz sind etwas größere Betriebe, die sich an Fachkolleg_innen und ökologisch wie konventionell wirtschaftende Landwirtinnen und Landwirte wenden. Die Demonstration konzentriert sich hierbei auf die Ökonomie des Hofes und die ökologische Landwirtschaft im großen Stil. Das BÖLN stellt hierzu Informationsmaterial online und offline zur Verfügung, sodass sich Interessent_innen über das Aktionsprogramm informieren können.[80]

Außerhalb des eigenen Standortes sind Vertreter_innen der Demonstrationsbetriebe auf diversen Messen mit vom BÖLN geförderten Auftritten vertreten, wie Anfang des Jahres 2017 auf der Grünen Woche in Berlin. Die Präsenz der Demonstrationsbetriebe auf themenspezifischen Messen ist für das BÖLN eine Möglichkeit der direkten Kommunikation mit Verbraucher_innen und Landwirt_innen gleichermaßen. Hierbei kann das BÖLN durch die Verteilung von Anschauungsmaterialien auch Interesse für die eigene Internet-Präsenz und Beratungsangebote wecken.

Im Gegensatz zum BÖLN und Ökolandbau.de verfügt das Netzwerk der Demonstrationsbetriebe über eine eigene Social-Media-Präsenz. Es ist vor allem auf Twitter und Instagram unter dem Namen „Demobetriebe" oder „@biohoefe" präsent und aktiv.[81] Facebook und YouTube werden weniger aktiv bedient, die Beiträge sind kurz, un-

---

[80] Ökolandbau.de „Demonstrationsbetriebe" https://www.oekolandbau.de/verbraucher/demonstrationsbetriebe/

[81] Twitter „Demobetriebe": https://twitter.com/Biohoefe; Instagram „biohoefe": https://www.instagram.com/biohoefe/

regelmäßig und selten. Dementsprechend ist die Anzahl der Follower auf diesen Seiten gering.[82] Für nachhaltige (Anschluss-)Kommunikation vor allem mit Verbraucher_innen sollte aber die Kontaktaufnahme so einfach wie möglich sein. Da Social Media im Alltag von Verbraucher_innen alltäglich sind, sollten entsprechende Präsenzen der Demobetriebe vor allem aktuelle Informationen und Dialogangebote bereitstellen. Dies bedingt, dass Inhalte speziell für diese Plattformen geschaffen werden, die sich an den Kommunikationsgewohnheiten der Nutzer_innen orientieren. Bislang erreicht das Netzwerk der Demonstrationsbetriebe auf diesem Weg offenbar nur sehr wenige potenziell Interessierte.

Schulen

Eine zweite wichtige Bezugsgruppe des BÖLN sind Verbraucher_innen, besonders Schülerinnen und Schüler. Mithilfe diverser Aktionsprogramme an Schulen und in landwirtschaftlichen Betrieben werden Schüler_innen an das Thema Ökolandbau herangeführt, um sie schon im frühen Alter für die Relevanz von Nachhaltigkeit in der Landwirtschaft zu sensibilisieren.

Schulen werden vom BÖLN hauptsächlich über das Thema Ökolandbau, die Vorteile von Bioprodukten und vor allem über Schulwettbewerbe und -projekte informiert. Das Bundesprogramm verwendet für diese Stakeholder projekteigene Social-Media-Kanäle als Kommunikationsmittel. Dazu zählen Facebook-, Twitter- und YouTube-

---

[82] Facebook „Demobetriebe": https://www.facebook.com/pages/Demonstrationsbetriebe-Ökologischer-Landbau/411876718958343; YouTube „Demobetriebe": https://www.youtube.com/channel/UCSt-DLzFx3raGS39Dq69fBhQ

Seiten, um insbesondere Kinder und Jugendliche erreichen zu können. Lehrkräfte werden hauptsächlich online über die programmeigene Webseite angesprochen und über Newsletter informiert. Sie können auch Broschüren und kostenlose Informationsmaterialien anfordern, um das Thema Ökolandbau im Unterricht zu behandeln.[83]

Lehrer_innen spielen in diesem Kontext eine wichtige Rolle, da sie als Vermittler_innen zwischen dem BÖLN und den Schüler_innen verstanden werden. Sie werden dazu angehalten den Ökolandbau in den Unterricht zu integrieren und somit Kinder und Jugendliche für das Thema Nachhaltigkeit zu sensibilisieren. Des Weiteren sollen sie die Schüler_innen unterstützen an den Wettbewerben und Projekten des BÖLN teilzunehmen.

Zu diesen Projekten gehören der Schülerwettbewerb „ECHT KUH-L!", die Plattform „Bio kann jeder", diverse Gemeinschaftsaktionen zusammen mit dem Netzwerk der Demonstrationsbetriebe, sowie Besuche in Biobäckereien und –molkereien, im Bioladen oder Supermarkt. Auch die Auseinandersetzung mit der Bedeutung gesunder Lebensmittel im familiären und schulischen Umfeld ist ein wichtiges Thema. Somit ist der Schwerpunkt des BÖLN für diesen Stakeholder Angebot und Nachfrage von ökologisch und nachhaltig erzeugten Produkten mit vielfältigen Weiterbildungs-, beziehungsweise Informationsangeboten und Wettbewerben, zu stärken.[84]

Eine der wichtigsten Aktionen in diesem Zusammenhang ist der bundesweite Schülerwettbewerb „ECHT KUH-L!".

---

[83] Ökolandbau „Lehrer": https://www.oekolandbau.de/lehrer/

[84] Ökolandbau „Kinder": https://www.oekolandbau.de/kinder/

Der Wettbewerb wird als ein Instrument bezeichnet, „um Kinder und Jugendliche wieder an die Landwirtschaft heranzuführen und ihnen ein realistisches Bild vor allem der Nutztierhaltung zu vermitteln".[85]

Durch den Wettbewerb sollen Schülerinnen und Schüler Lust auf das Thema „Nachhaltigkeit, Lebensmittel, und Landwirtschaft" bekommen. So wird Bundeslandwirtschaftsminister Christian Schmidt auf der Seite von „ECHT KUH-L" mit den Worten zitiert:

> Ich will die Landwirtschaft in der Mitte der Gesellschaft verankern. Denn wir brauchen mehr Wertschätzung für unsere guten Lebensmittel in Deutschland. Deshalb freue ich mich, wenn sich junge Menschen für die Herkunft und Produktions-weise unserer Lebensmittel interessieren. Unser bundesweiter Schülerwettbewerb ECHT KUH-L! lädt in diesem Jahr dazu ein, sich mit heimischen Produkten zu beschäftigen. Ich freue mich auf viele, interessante und kreative Arbeiten.[86]

Der Wettbewerb behandelt jedes Jahr ein anderes Thema, welches sich mit dem ökologischen Landbau und Fragestellungen rund um eine nachhaltige Landwirtschaft und Ernährung beschäftigt. Mitmachen dürfen Kinder und Jugendliche von der 3. bis 10. Klasse, sei es im Klassenverband, in einer Kleingruppe oder allein. Die Schülerinnen und Schüler sollen Aktionen und Projekte durchführen, die sich informativ und kreativ dokumentieren und kommunizieren lassen. Darüber hinaus ist ECHT KUH-L! auf Social-Media-Seiten wie Twitter und YouTube aktiv

---

[85] BMEL 26.10.16, „Kinder und Jugendliche für Landwirtschaft begeistern", https://www.bmel.de/SharedDocs/Pressemitteilungen/2016/129-EchtKuhl.html

[86] http://www.echtkuh-l.de/

und hat eine Webseite mit Informationen zum Wettbewerbsverfahren, Tipps und Teilnahmebedingungen.

Auch für diesen Wettbewerb spielen die Lehrkräfte als Vermittler_innen zwischen dem BÖLN und den Schüler_innen eine ausschlaggebende Rolle. Neben der ersten Heranführung an den Wettbewerb betreuen sie die Erstellung der jeweiligen Beiträge. Auch werden die Kreativität und soziale Kompetenz der Schüler_innen durch die notwendige Kommunikation und Abstimmung der Gruppen unter Leitung der Lehrer_innen im Klassenverbund bei der Erstellung des Beitrags gefördert. Die Schülerinnen und Schüler werden aufgefordert, eigenständige Ideen und Konzepte zu entwickeln und umzusetzen. Es können jedoch auch Lehrer_innen zentrale Aufgaben und Fragestellungen gemeinsam mit den Schüler_innen erarbeiten, besonders wenn es dabei um fach- und methodenübergreifende Arbeitsprozesse geht. Bisher haben mehr als 20.000 Schulen an dem Wettbewerb teilgenommen.[87]

Neben der Werbung gehören zu den Kommunikationsmaßnahmen des Wettbewerbs Auftritte des BÖLN auf überregionalen oder internationalen Messen und Ausstellungen, wo dezidiert ECHT KUH-L! eine Rolle spielt. Des Weiteren werden im Verlauf des Wettbewerbs Pressemitteilungen und ein monatlicher E-Newsletter publiziert, sowie Multiplikator_innen gezielt nach Beendigung des Wettbewerbs kontaktiert, um die Sieger_innen in der Presse erneut zu ehren. Dies bezieht sich hauptsächlich auf lokale und regionale Medien. Individuelle Kontakte werden per Telefon und Mail über den Wettbewerb informiert.

---

[87] ECHT KUH-L! „Thema": http://www.echtkuh-l.de/thema-2017.html

Im eigenen YouTube-Kanal werden eingereichte Wettbe-
werbsfilme veröffentlicht und geteilt, weshalb der Beitrag
in Video-Format gestaltet sein muss. Ebenfalls auf You-
Tube werden die Sieger-Videos präsentiert.[88] Der Twitter-
Kanal des Wettbewerbs ist mit über 500 Followern, nach
dem des Netzwerks der Demonstrationsbetriebe (800 Follower), der zweitpopulärste Social-Media-Kanal des
BÖLN, der besonders während der Wettbewerbsphase
regelmäßig aktualisiert wird. Allerdings unterhält ECHT
KUH-L! keinen eigenen Facebook- oder Instagram-Ac-
count, was aufgrund der jungen Adressaten verwunderlich
scheint.

Mithilfe des Wettbewerbs schafft das BÖLN neben einer
Kommunikationsmaßnahme für Kinder und Jugendliche
auch einen Kontakt zu den Eltern, die im Zuge der Vorbereitungen und Erstellung des Video-Beitrags der
Schüler_innen die pädagogisch wertvollen Aspekte nachhaltiger Landwirtschaft miterleben. Diese Aspekte werden
auch als Ziele des Wettbewerbs dezidiert behandelt:
Naturwissenschaftliche Arbeitsmethoden, mediale Kompetenzen, Sinneswahrnehmung, Recherchefähigkeit,
kreativer Ausdruck, Austausch zu Fragen eines nachhaltigen Lebensstils.[89]

Im Allgemeinen hat sich das BLÖN das Ziel gesetzt, bei
Kindern ein Verantwortungsbewusstsein für die ökologischen Themen Landwirtschaft, Umwelt und Natur zu
erzeugen, und in die schulischen Bildungskonzepte die
Themen Umwelterziehung und nachhaltige Entwicklung

---

[88] YouTube „ECHT KUH-L!“: https://www.youtube.com/user/ECHTKUH-
L13

[89] ECHT KUH-L „Lehrertipps" http://www.echtkuh-l.de/lehrertipps.html

zu integrieren. Beim Erstellen der Wettbewerbsbeiträge wird den Schülerinnen und Schülern ermöglicht, herauszufinden, wie die Prozesse der Produktion, der Verarbeitung, und des Verkaufs von Bioprodukten aussehen und miteinander zusammenhängen, und wie diese Prozesse ihr eigenes Leben betreffen.

Die Informationskampagne „Bio kann jeder" stellt eine weitere öffentlichkeitswirksame Kommunikationsmaßnahme ähnlich des Wettbewerbs ECHT KUHL! dar. Ziel der Kampagne ist es, in der Schule und zu Hause den Wert einer gesunden und kindgerechten Ernährung zu vermitteln. „Bio kann jeder - nachhaltig essen in Kita und Schule" versucht im eigenen Aktionsprogramm mehr Bioprodukte und nachhaltig erzeugte Lebensmittel in der Verpflegung von Kindern und Jugendlichen zu ermöglichen. Das BÖLN bietet dabei Schulen und Kitas einen Praxisbezug, der durch Workshops in den Bereichen Kochen, Ernährungs- und Ökopädagogik umgesetzt wird.

Die Workshops adressieren gezielt Eltern, Erzieher_innen und Lehrer_innen, die auch dazu motiviert werden eigene Veranstaltungen vor Ort zu initiieren. Um diese Aktion in der Gesellschaft erfolgreich umzusetzen, stellt das BÖLN auch hier eine Umstellungsberatung zur Verfügung, die von einem Netzwerk aus Ernährungsexpert_innen und Fachleuten der Biobranche gewährleistet wird.[90] Dabei werden vor allem auch regionale Ansprechpartner_innen in ganz Deutschland zur Verfügung gestellt, die vor Ort Unterstützung leisten, um ein gesundes Essensangebot in

---

[90] BÖLN „Was wir tun - Außer-Haus-Verpflegung" https://www.bundesprogramm.de/was-wir-tun/informieren-und-weiterbilden/weiterbildungsangebote/ausser-haus-verpflegung/

Schulmensen und Kitas organisatorisch und wirtschaftlich umzusetzen. Informiert wird über diese Aktion in einer ausführlichen Broschüre des BÖLN, in der Schulen und Kitas erfahren, welche Inhalte die Workshops vermitteln und wie sie aufgebaut sind. Online ist die Aktion auf der Plattform Ökolandbau.de zu finden. Über eine eigene Social Media Präsenz verfügt sie nicht.

Auch die dritte Aktion „Bauer mit Klasse" richtet sich an Schüler_innen. Diese Maßnahme ist eine vom Netzwerk der Demonstrationsbetriebe ins Leben gerufene Aktion für Schulen, durch die Kinder an Ökolandbau herangeführt werden soll. In dieser Aktion liegt der Fokus jedoch auf der Arbeitsweise des landwirtschaftlichen Sektors und der organisatorischen Struktur des Bauernhofs.[91]

Das BÖLN nutzt im Rahmen dieser Aktion die Social-Media-Kanäle des Netzwerks der Demonstrationsbetriebe, wobei die Plattform Instagram dezidiert für Foto-Mitmach-Aktionen unter dem hashtag #klassebauer verwendet wird.[92] Über den YouTube-Kanal der Demonstrationsbetriebe werden ebenfalls Inhalte der Aktion veröffentlicht und geteilt.

Bewertung und Handlungsempfehlungen

Die Nachhaltigkeitskommunikation des BÖLN gestaltet sich sowohl offline als auch online auf vielseitige Weise. Es wird gezielt versucht die kommunikativen Gewohnheiten und Erwartungen der Bezugsgruppen zu berücksichti-

---

[91] bio-live-erleben „Bauer mit Klasse": http://www.bio-live-erleben.de/bauermitklasse/

[92] bio-live-erleben „klassebauer": http://www.bio-live-erleben.de/klassebauer/

gen. Als besonders positiv haben sich in dieser Hinsicht die online kommunizierten und vor Ort organisierten Aktionen herausgestellt, da sie die hohe Reichweite des Internet nutzen und gleichzeitig erlebbare, positive Assoziation mit dem Thema Ökolandbau bei den Teilnehmer_innen hervorrufen.

So haben Kinder und Jugendliche die Chance Inhalte aus den Wettbewerben auf den genannten Plattformen online zu teilen und gleichzeitig einen realen Eindruck des Mehrwerts bio-zertifizierter Lebensmittel und Produktionsweisen zu bekommen.

Generell ist in der Kommunikationsstrategie des BÖLN eine starke Fokussierung auf die Online-Kommunikation erkennbar, die sich in verständlich gestalteten und aktiven Webseiten zeigt. Es existiert ein strukturiertes Netzwerk aus BLE, BMEL, BÖLN, und Ökolandbau.de mit vielen Informationen und der Aufforderung zur Beteiligung für Landwirt_innen und Verbraucher_innen. Die diversen Programme und Wettbewerbe sprechen dabei vielfältige Themen und Zielgruppen an.

Dennoch ist online ein für die heutige Zeit großer Mangel erkennbar: Durch das Fehlen bestimmter Social-Media-Präsenzen sind einem kreativen, tiefergehenden Dialog mit dem Programm die Grenzen gesetzt. Obwohl bestimmte Aktionen sich einiger Social-Media-Kanäle bedienen - wobei sich an dieser Stelle nicht eindeutig erklären lässt weshalb einige Kanäle bedient werden und andere nicht - fehlt eine gut durchdachte, programmübergreifende Social-Media-Strategie. Angemessener wäre es, für jede Aktion oder Webseite des BÖLN eine gleichnamige Präsenz auf zumindest zwei populären Social-

Media-Seiten zu erstellen, beispielsweise Twitter und Facebook. Von dort könnte durch Verweise auf andere Web-Präsenzen des Programms hingewiesen werden. So ließe sich die Reichweite des Programms um ein Vielfaches erhöhen, und es würde den Teilnehmer_innen der Aktionen sowie Interessent_innen ermöglicht in einen Dialog mit dem BÖLN zu treten. Für ein bundesweit organisiertes und so vielseitiges Programm sollte eine gut durchdachte Social-Media-Strategie heutzutage selbstverständlich sein. Dies würde auch den kreislaufartigen Diskurs zum Thema Ökolandbau und Nachhaltigkeit fördern, den sich das Programm als Ziel gesetzt hat.

Jenseits der Kommunikation im Netz lässt sich hingegen eine abgerundete Kommunikationsstrategie des Programms erkennen. Die Kombination aus face-to-face Präsenz, beispielsweise auf internationalen Messen oder in Aktionen des Programms, und vielseitig gestaltetem Informationsmaterial hinterlassen einen positiven Eindruck bei den Verbraucher_innen. Es entsteht der Eindruck, dass viel Zeit und finanzielle Mittel in diese Mittel investiert wurden. Dieser Eindruck wird dadurch verstärkt, dass Multiplikator_innen gezielt adressiert werden, um beispielsweise die Erfolge aus Aktionen und Wettbewerben zu publizieren. So werden die Teilnehmer_innen der Öffentlichkeit präsentiert und das Thema Ökolandbau, wie auch das BÖLN selbst, werden bekannt gemacht.

Im Hinblick auf das Thema Nachhaltigkeit könnte die Integrität des Programms gesteigert werden, indem der Verbrauch natürlicher Ressourcen auf ein Minimum reduziert und Anschauungsmaterial so wenig wie möglich in gedruckter Form veröffentlicht würde. Die Abwägung zwischen gedruckten und digitalen Materialien sollte unter

Nachhaltigkeitsaspekten und im Hinblick auf die Erwartung der Bezugsgruppe erfolgen. Sicher ist es beispielsweise für die Anschauung im Schulunterricht üblicher, gedruckte Materialien zu verwenden wie auch auf Messen gedruckte Broschüren auszulegen. Besucher_innen bleiben jene Stände oft in Erinnerung, von denen sie etwas mit nach Hause nehmen können. Auf lange Sicht wäre es jedoch wünschenswert eine ressourcenschonende und damit mehrfach nachhaltige Kommunikation anzustreben. Eine dezidierte Social-Media-Strategie käme diesem Ziel sehr entgegen.

Quellen

bio-live-erleben „Bauer mit Klasse“: http://www.bio-live-erleben.de/bauermitklasse/ (Abgerufen am 26.06.2017).

bio-live-erleben „klassebauer“: http://www.bio-live-erleben.de/klassebauer/ (Abgerufen am 26.06.2017).

BÖLN „Förderrichtlinien“: https://www.bundesprogramm.de/was-wir-tun/projekte-foerdern/forschungs-und-entwicklungsvorhaben/ (Abgerufen am 26.06.2017).

BÖLN „Was wir tun“: https://www.bundesprogramm.de/was-wir-tun/ (Abgerufen am 26.06.2017).

BÖLN „Was wir tun - Außer-Haus-Verpflegung“ https://www.bundesprogramm.de/was-wir-tun/informieren-und-weiterbilden/weiterbildungsangebote/ausser-haus-verpflegung/

BÖLN „Wer wir sind“: https://www.bundesprogramm.de/wer-wir-sind/ueber-das-bundesprogramm/ (Abgerufen am 26.06.2017).

BÖLN „Wissenstransfer“: https://www.bundesprogramm.de/was-wir-tun/projekte-foerdern/wissenstransfer/ (Abgerufen am 26.06.2017).

BMEL „Bundeswettbewerb Ökologischer Landbau“: https://www.bmel.de/DE/Landwirtschaft/Nachhaltige-Landnutzung/Oekolandbau/_Texte/BundeswettbewerbOekologischerLandbau.html (Abgerufen am 26.06.2017).

BMEL 26.10.16, „Kinder und Jugendliche für Landwirtschaft begeistern“, https://www.bmel.de/SharedDocs/Presse-mitteilungen/2016/129-EchtKuhl.html (Abgerufen am 26.06.2017).

Bundesregierung „Nachhaltigkeitsstrategie“: https://www.bundesregierung.de/Webs/Breg/DE/Themen/Nachhaltigkeitsstrategie/6-eine-strategie-begleitet-uns/nachhaltigkeitsstrategie/_node.html (Abgerufen am 26.06.2017).

ECHT-KUH-L! „Homepage": http://www.echtkuh-l.de (Abgerufen am 26.06.2017).

ECHT KUH-L! „Lehrertipps": http://www.echtkuh-l.de/lehrertipps.html

ECHT KUH-L! „Mitmachen": http://www.echtkuh-l.de/teilnahme.html (Abgerufen am 26.06.2017).

ECHT KUH-L! „Thema": http://www.echtkuh-l.de/thema-2017.html (Abgerufen am 26.06.2017).

Facebook „BMEL": https://www.facebook.com/pages/Bundesministerium-für-Ernährung-und-Landwirtschaft/108693899154288 (Abgerufen am 26.06.2017).

Facebook „Demobetriebe": https://www.facebook.com/pages/Demonstrationsbetriebe-Ökologischer-Landbau/411876718958343 (Abgerufen am 26.06.2017).

Instagram „biohoefe": https://www.instagram.com/biohoefe/ (Abgerufen am 26.06.2017).

Ökolandbau „BIO-Siegel": https://www.oekolandbau.de/en/bio-siegel/ (Abgerufen am 26.06.2017).

Ökolandbau „BIO kann jeder": https://www.oekolandbau.de/grossverbraucher/bio-kann-jeder/das-projekt/ (Abgerufen am 26.06.2017).

Ökolandbau „Demonstrationsbetriebe" https://www.oekolandbau.de/verbraucher/demonstrationsbetriebe/

Ökolandbau „Erzeuger": https://www.oekolandbau.de/erzeuger/ (Abgerufen am 26.06.2017).

Ökolandbau „Kinder": https://www.oekolandbau.de/kinder/ (Abgerufen am 26.06.2017).

Ökolandbau „Lehrer": https://www.oekolandbau.de/lehrer/ (Abgerufen am 26.06.2017).

Ökolandbau „Öffentlichkeitsarbeit": https://www.oekolandbau.-de/fileadmin/redaktion/dokumente/verbraucher/Leitfaden_OEffentlichkeitsarbeit_korr.pdf (Abgerufen am 26.06.2017).

Twitter „BMEL“: https://twitter.com/bmel (Abgerufen am
    26.06.2017).

Twitter „ECHT KUH-L!“: https://twitter.com/ECHTKUHL (Abge-
    rufen am 26.06.2017).

Twitter „Demobetriebe“: https://twitter.com/Biohoefe (Abgerufen
    am 26.06.2017).

YouTube „BMEL“: https://www.youtube.com/user/bmelv (Abge-
    rufen am 26.06.2017).

YouTube „ECHT KUH-L!“: https://www.youtube.com/user/
    ECHTKUHL13 (Abgerufen am 26.06.2017).

YouTube „Demobetriebe“: https://www.youtube.com/channel/
    UCStDLzFx3raGS39Dq69fBhQ (Abgerufen am
    26.06.2017).

KiK Textilien und Non-Food GmbH

Polina Andreeva und Florian Teichert

Einleitung

Diese Arbeit stellt die Analyse und Evaluation der strategischen Kommunikation von Nachhaltigkeit des Textildiscounters KiK Textil und Non-Food GmbH (im Folgenden: KiK) dar. Die Analyse dieses Unternehmens in Bezug auf Nachhaltigkeit ist relevant und interessant, weil der Vertrieb preisgünstiger Textilien den Kern der Unternehmensidentität ausmacht. KiK profitiert von einer globalisierten Produktionskette und nutzt die erheblichen Lohnunterschiede zwischen Europa und Asien, um Konsument_innen in Europa mit preisgünstigen Konsumgütern (vor allem Textilien) zu versorgen. Vor dem Hintergrund der Nachhaltigkeit ergibt sich hier die Frage, inwieweit ein solches Unternehmen verantwortungsvoll bzw. nachhaltig handeln kann und wie dies kommuniziert wird. Wir beschäftigten uns daher mit dem Nachhaltigkeitsverständnis des Unternehmens, seinen Handlungsfeldern und Kommunikationsmaßnahmen in Bezug auf zwei wesentlichen Bezugsgruppen – Lieferant_innen und Kund_innen.

Vorstellung des Akteurs

KiK wurde 1994 in Kooperation von Stefan Heinig und der Gruppe Tengelmann gegründet und eröffnete seine erste Filiale in Düsseldorf Gerresheim. Das Unternehmen mit Sitz in Bönen startete zu seiner Zeit mit einem neuen Prinzip in Konkurrenz zu den großen Textilunternehmen. So entstand der erste Textildiscounter in Deutschland.

Das Kerngeschäft ist der Vertrieb von preisgünstiger Kleidung, der rund 70% des Gesamtumsatzes ausmacht. Ergänzt wird das Sortiment durch Non-food Artikel wie Heimtextilien, Geschenkartikel, aber auch Spiel- und Schreibwaren.[93]

Das Discountprinzip beruht auf der Grundlage von Basic-Artikeln, die das Unternehmen weder aufwendig in den Filialen präsentiert, noch aufwendig produziert. Da Basic-Artikel ganzjährig angeboten werden, ist der Kauf von großen Mengen und damit verbundenen Kosteneinsparungen ein wichtiger Grund für die günstigen Preise. Durch kontinuierliche Mengenbestellungen können die Produzenten von KiK freie Kapazitäten nutzen und somit billiger produzieren. Diese günstige Produktion wirkt sich auf die Einkaufspreise von KiK positiv aus. Weitere Preisvorteile ergeben sich durch Direktimporte, welche keine zusätzlichen Kosten durch Zwischenhändler verursachen. Ein weiteres Merkmal des Discountprinzips ist ein effizienter Warentransport. So nutzt KiK den längeren aber kostengünstigeren Seeweg für die Importe von Textilien aus Südasien.

KiK hat seit seiner Gründung ein starkes Wachstum hinter sich. Im Jahr 2015 erwirtschaftete das Unternehmen eine Umsatz von 1,8 Milliarden Euro. Bis heute hat KiK über 3.400 Filialen in ganz Europa. In Deutschland hat das Unternehmen bisher über 3.000 Filialen.[94] Auch in den Niederlanden, in Polen, Tschechien, Österreich und Ungarn ist das Unternehmen vertreten. Insgesamt hat KiK in

---

[93] KiK „Über uns" www.KiK-textilien.com/unternehmen/ueber-uns/

[94] KiK „KiK_PM_Broschuere_Vertrieb": http://www.kik-textilien.com/unternehmen/fileadmin/user_upload_de/Kategorien/Karriere/mitarbeiterkampagne/Broschueren/KiK_PM_Broschuere_Vertrieb.pdf

seinen Filialen und der Unternehmenszentrale mehr als 22.000 Mitarbeiter_innen. [95]

Nachhaltigkeitsbild des Unternehmens

Im Rahmen seiner Expansion und neben dem wirtschaftlichen Discountprinzip des Unternehmens verpflichtet sich KiK zur Nachhaltigkeit. Dabei verfolgt KiK mehrere Prinzipien. So will das Unternehmen die Anforderungen in den Bereichen Soziales, Ökonomie sowie Ökologie, die sich durch die Geschäftstätigkeit ergeben, in Einklang bringen. Im Mittelpunkt des sozialen Aspekts stehen die Mitarbeiter_innen, die in ihrer Entwicklung unterstützt und wertgeschätzt werden. Grundlage für sämtliche Geschäftsbeziehungen mit Mitarbeiter_innen und Lieferant_innen sind dabei soziale, und speziell arbeitsrechtliche Standards, die es einzuhalten gilt. Unter dem Punkt der Ökologie beschäftig sich das Unternehmen durch seine Importtätigkeit aus südasiatischen Ländern wie beispielsweise Bangladesch vor allem mit der Schonung von Ressourcen und der Reduzierung von Umweltbelastungen in den Produktionsstandorten. Hierunter zählt KiK sowohl seine Importtätigkeit als auch die Nutzung von Ressourcen wie Strom oder Abfall in den eigenen Filialen und der Unternehmenszentrale.[96] Die sozialen Aspekte von Nachhaltigkeit werden von KiK vor allem in Bezug auf die Mitarbeiter_innen thematisiert. Durch nationales und internationales Engagement in diversen Projekten unter-

---

[95] KiK (2016) „Zahlen_Daten_Fakten": http://www.kik-textilien.com/unternehmen/presse/informationsmaterial/unternehmensinformation/

[96] KiK Textilien und Non-Food GmbH (2015a): Nachhaltigkeitsbericht 2013/2014. Web. http://www.kik-textilien.com/unternehmen/fileadmin/user_upload_de/Kategorien/Verantwortung/Nachhaltigkeitsbericht/3_Nachhaltigkeitsbericht.pdf S.10f.

stützt das Unternehmen zudem die Verbesserung von Lebensbedingungen, vor allem von Kindern. Solche Projekte werden in Ländern unterstützt, aus denen KiK seine Textilien bezieht.

KiK schreibt in seinem Nachhaltigkeitsbericht 2015:

> Wir betrachten Nachhaltigkeit als einen fortlaufenden Verbesserungsprozess. Dafür setzten wir uns kurz-, mittel- und langfristig erreichbare Ziele. Wir erheben Kennzahlen, um die Maßnahmen steuern zu können.[97]

Dieses Verständnis von Nachhaltigkeit und die einzelnen Handlungsfelder „Mitarbeiter", „Lieferkette und Produkt", sowie „Ressourceneffizienz und Klima" sollen transparent kommuniziert werden. KiK setzt sich in seinem Nachhaltigkeitsbild zum Ziel, seine Maßnahmen nach innen und außen transparent zu gestalten. So gibt es seit 2010 drei Nachhaltigkeitsberichte, die das Unternehmen veröffentlichte. Grundlage dieser Arbeit bildet dabei der Bericht von 2015, welcher ebenso den zuletzt veröffentlichten Bericht darstellt.

Bezugsgruppen

Die wichtigsten Bezugsgruppen werden von KiK in Partnern, Kritikern und Entscheidern unterteilt. Diese wurden den Bereichen Markt, Arbeitsumfeld, Wirtschaft und Gesellschaft zugeordnet (Abbildung 1).

---

[97] KiK Textilien und Non-Food GmbH (2015a): Nachhaltigkeitsbericht 2013/2014. Web. http://www.kik-textilien.com/unternehmen/fileadmin/user_upload_de/Kategorien/Verantwortung/Nachhaltigkeitsbericht/3_Nachhaltigkeitsbericht.pdf S. 8.

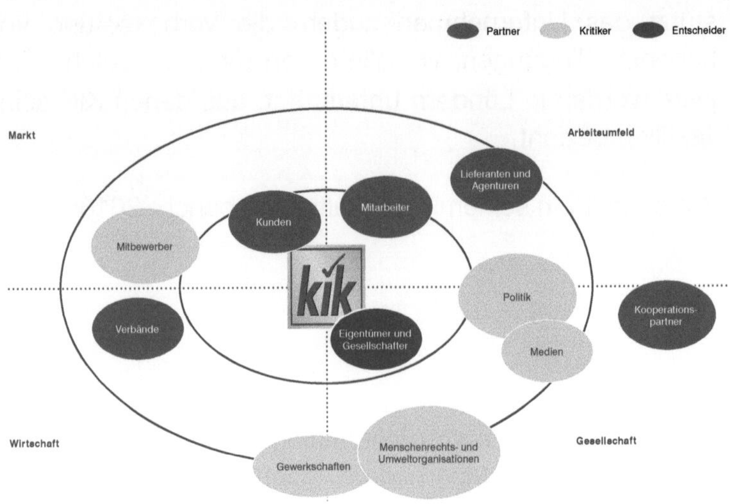

Abb. 1: Bezugsgruppen der KiK Textilien und Non-Food GmbH
(Quelle: KiK Textilien und Non-Food GmbH 2015a: 10)

Hier wird deutlich, welche Bezugsgruppen das Unternehmen als die Wichtigsten ansieht, zu erkennen an der zentrierten Darstellung. Der Abbildung entsprechend sind die relevantesten Gruppen für KiK Verbände, Kund_innen, Mitarbeiter_innen, Lieferanten und Agenturen, aber ebenso Kooperationspartner. Wichtigste Bezugsgruppe unter den Partnern sind dabei Kund_innen und Mitarbeiter_innen, was sich aus unternehmerischer Sicht leicht begründen lässt. In puncto Kritiker ist die Politik als Rahmengeber der Wirtschaft klar positioniert. Mitbewerber und Gewerkschaften spielen ebenso eine wichtige Rolle. Hinzu kommen neben den Menschenrechts- und Umweltorganisationen auch die Medien, die durch ihre Berichterstattung Einfluss auf andere Bezugsgruppen des Unternehmens haben. In der dritten Gruppe, den Entscheidern, werden Eigentümer und Gesellschafter aufgeführt, welche als Führungsspitze den größten Einfluss auf die Nachhaltigkeit des Unternehmens besitzen. Aus der Vielzahl von Bezugsgruppen ergeben sich viele, teils auch widersprüchliche, Forderungen. Diese betreffen nicht allein die Unternehmenstätigkeit von KiK, sondern auch allgemeine Forderungen mit Blick auf die Textilbranche. KiK sieht dabei vor allem diese Forderungen als wichtig an:

- Sichere Produktionsstätten in den Herstellungsländern
- Faire Arbeitsbedingungen bei der Herstellung
- Umwelt- und Klimaschutz in der Lieferkette
- Entlohnung an den eigenen Standorten
- Qualitätssicherung bei Produkten[98]

Um diese Forderungen zu adressieren, müssen differenzierte Kommunikationsmaßnahmen ergriffen werden, die für die jeweiligen Bezugsgruppen ansprechend und effektiv sind. Im Folgenden konzentrieren wir uns in unserer Analyse vor allem auf die Bezugsgruppe der Kund_innen und Lieferanten.

Analyse der Kommunikationsmaßnahmen

Kund_innen

Kund_innen sind für KiK als Handelsunternehmen die wichtigste und größte Bezugsgruppe. Der Name KiK steht dabei nicht umsonst für den Slogan der „Kunde ist König".[99] Wie wichtig ist also für diese Bezugsgruppe das Thema Nachhaltigkeit? Um die Frage beantworten zu

---

[98] vgl. KiK Textilien und Non-Food GmbH 2015a: 11

[99] KiK „FAQ" http://www.kik-textilien.com/unternehmen/faq/

können, legt das Unternehmen in seinem aktuellsten Nachhaltigkeitsbericht die Analyse einer Umfrage auf Facebook dar. Es beteiligten sich 5.456 Kund_innen, nach deren Angaben die wichtigsten Kriterien für den Kauf von Kleidung identifiziert wurden:

- Optimale Passform
- Modisches Design
- Hoher Tragekomfort
- Gutes Preis-Leistungs-Verhältnis[100]

Dabei ist das geringe Budget für Kleidung, welches die Kund_innen ausgeben wollen, ein klares Indiz für den Fokus auf das Preis-Leistungsverhältnis. Trotz der Umfrageergebnisse legt KiK Wert auf eine Nachhaltigkeitsstrategie und derer Kommunikation mit Kund_innen. Der hier oft zitierte Nachhaltigkeitsbericht ist eine dieser Kommunikationsmaßnahmen, die das Unternehmen auch für seine Kund_innen anbietet. Detailliert aufgegliedert stellt der Bericht für Kund_innen eine übersichtliche Darstellung der Nachhaltigkeitsbemühungen des Unternehmens dar. Doch nicht nur die Berichte, sondern auch der Webauftritt wendet sich zu dieser Frage an Kund_innen. Das Nachhaltigkeitsverständnis wird unter der Rubrik „Verantwortung" dargestellt. Dort werden die nationalen und internationalen Projekte vorgestellt, welche die Übernahme gesellschaftlicher Verantwortung unterstreichen sollen.[101]

Bei der Recherche auf der Webseite und den Social Media Seiten fällt jedoch auf, dass KiK diese hauptsächlich

---

[100] KiK Textilien und Non-Food GmbH 2015a: 11

[101] KiK „Verantwortung" http://www.kik-textilien.com/unternehmen/verantwortung/

für die Produktwerbung nutzt. So werden Kanäle auf Twitter, YouTube, Facebook und ein eigener Blog betrieben. Alle vier genannten Kanäle unterscheiden sich im Inhalt voneinander. Der Blog des Unternehmens wird zwei bis fünf Mal im Monat aktualisiert. Die Themen sind meist im Bereich der „Unternehmensverantwortung" angesiedelt. Die Themen des Blogs reichen von Projekten für Kinder, die KiK unterstützt, bis hin zu Erklärungen zur Abschaffung der Plastiktüte und der Förderung von Nachwuchskräften. Handlungsfelder im Bereich der Nachhaltigkeit des Unternehmens sind demnach breit aufstellt. Leider existiert im Blog von KiK keine Kommentarfunktion. Die Kommunikation von Nachhaltigkeit findet relativ aktuell hauptsächlich über den Blog des Unternehmens statt. Andere Kanäle werden kaum genutzt oder wenn, wie im Falle von Facebook, allein zur Produktwerbung. Auf Twitter hat das Unternehmen gerade einmal knapp über 100 Follower (Stand 27.07.2017).

Lieferanten

KiK arbeitet mit Lieferanten in asiatischen Ländern zusammen und besitzt keine eigenen Fabriken.[102] Die größten Beschaffungsmärkte sind Bangladesch und China. Das Unternehmen kommuniziert in dieser Beziehung vor allem seine Bemühungen um angemessene Arbeitsbedingungen und die Verbreitung arbeitsrechtlicher Rahmenbedingungen. Zusätzlich wird die umweltfreundliche Produktion auch auf verschiedenen Kanälen kommu-

---

[102] vgl. KiK Textilien und Non-Food GmbH 2015a: 18

niziert.[103] Die wichtigste Kommunikationsmaßnahme in Bezug auf Lieferanten ist der KiK Verhaltenskodex, der die Richtlinien darstellt, an die sich die Lieferanten halten sollen:

> [Der KiK Verhaltenskodex] „bildet die Leitlinie für unsere Zusammenarbeit mit unseren Lieferanten, um entsprechend an jegliche Unterauftragnehmern [sic!] weitergegeben zu werden.[104]

Der Kodex basiert auf dem Abkommen der Internationalen Arbeitsorganisation (International Labour Organisation, ILO) und den Normen der Vereinten Nationen. Die Richtlinien beruhen auf der Einhaltung der Arbeits-, Arbeitssicherheits- und Umweltschutzrechte. Der Verhaltenskodex ist ein Kommunikationsinstrument, mit dem soziale und ökologische Aspekte der nachhaltigen Entwicklung an die Lieferanten kommuniziert werden. Darüber hinaus legt der Verhaltenskodex in seinen Richtlinien fest, dass die Informationen für alle Beschäftigten in deren jeweiligen Sprachen an den Arbeitsplätzen frei zugänglich gemacht werden sollen (ebd. S. 2). Zusätzlich soll der Lieferant den Beschäftigten die Richtlinien nahebringen. Die Richtlinien legen u.a. den Standard der Beschäftigung fest. Dazu gehören Regelungen über Arbeitszeiten und Überstunden, sowie über die Einhaltung des Mindestlohnstandards in dem jeweiligen Land (ebd. S. 3). Zusätzlich wird die Zwangs- und Kinder-

---

[103] KiK Textilien und Non-Food GmbH (2015b): Code of Conduct. www.KiK-textilien.com/unternehmen/fileadmin/media/blaetterkataloge/COC_DE/blaetterkatalog/pdf/complete.pdf; CPI2 Webseite. „Home" www.cpi2.org/home.

[104] KiK Textilien und Non-Food GmbH (2015b): Code of Conduct. www.KiK-textilien.com/unternehmen/fileadmin/media/blaetterkataloge/COC_DE/blaetterkatalog/pdf/complete.pdf, S. 1

arbeit verboten (ebd. S. 4). Die Schulung der Beschäftigten zu Sicherheitspraktiken und Vorgehensweisen wird ebenfalls gefordert. Der Verhaltenskodex setzt sich auch mit der ökologischen Dimension von Nachhaltigkeit auseinander:

Geschäftspartner, wie beispielsweise Lieferanten, müssen adäquate Maßnahmen einführen, um schädliche Umwelteinflüsse zu verhindern oder minimieren, welche durch ihre Produktionsprozesse entstehen.[105]

Das Textilunternehmen stellt eine E-Mail-Adresse für Beschwerden zur Verfügung für jede Person, die auf einen Verstoß gegen den Kodex aufmerksam wird (ebd. S. 5). Ein Verstoß kann zur Beendigung der Geschäftsbeziehung führen (S. 2). Allerdings schränkt KiK ein, dass die Umsetzung der Richtlinien für viele der Lieferanten schwierig sein kann. Deswegen ist KiK bereit dem Lieferanten, der gegen den Kodex verstoßen hat, bei seiner Entwicklung zu helfen, um die Geschäftsbeziehung wiederaufzunehmen (S. 5). Dieser Teil des Kodexes kann als eine Hintertür für das Unternehmen gesehen werden, da es ihm die Möglichkeit gibt, trotz Verstößen, weiterhin mit dem Lieferanten zu arbeiten.

Als Reaktion auf die Industrieunfälle in Pakistan und Bangladesch im September 2012 hat KiK einen Schwerpunkt auf Brandschutz und Gebäudesicherheit gelegt. Das Unternehmen gab zu, dass die bisher praktizierten Maßnahmen nicht ausreichten, um sichere Arbeitsbedingungen in den Fabriken zu schaffen.[106] Darüber hinaus

---

[105] ebd. S. 5

[106] vgl. KiK Textilien und Non-Food GmbH 2015a: 19

unterzeichnete KiK das „Bangladesh Fire and Safety Accord" zusammen mit anderen Textilunternehmen im Jahr 2013. KiK verpflichtete sich „gemeinsam mit anderen Unternehmen und in Zusammenarbeit mit den Gewerkschaften die baulichen Gegebenheiten in den Fabriken zu verbessern und so für die notwendige Sicherheit der Arbeiter zu sorgen" (ebd.). Im Rahmen der Vereinbarung werden der Brandschutz, die elektrische sowie die Gebäudesicherheit von unabhängigen Dritten kontrolliert. KiK übernahm als "Lead Brand" die Koordinierungsfunktion für 64 Fabriken, wobei ein Intensivprogramm erstellt wurde, das den Fabriken helfen soll die Verbesserung des Brandschutzes und der Gebäudesicherheit umzusetzen (ebd.). In dem aktuellsten Nachhaltigkeitsbericht wurde zusätzlich erwähnt, dass KiK Mitarbeiter_innen sich mit den Fabriken sowohl vor Ort, als auch von Deutschland aus beschäftigen (ebd.).

In Pakistan und China wurden Maßnahmen zur Verbesserung der Sicherheit in den Fabriken getroffen. Zum Einen wurden Evakuierungs- und Brandschutztrainings organisiert. Im Jahr 2013 wurde die „Fire Safety Campaign" für Pakistan, Bangladesch und China entwickelt, die als Ziel hatte, die Einkaufsagenturen zum Thema Brandschutz und Arbeitssicherheit zu schulen, die dann ihrerseits ihr Wissen bei Fabrikbesuchen an die Lieferanten weitergeben sollen, nach dem Motto „Train the Trainer" (ebd. S. 18-19).

KiK wurde im Jahr 2015 Mitglied des Bündnisses für nachhaltige Textilien.[107] Das Bündnis besteht aus zivilgesellschaftlichen Organisationen, politischen Akteuren, Un-

---

[107] KiK Textilien und Non-Food GmbH 2015a: 15

ternehmen und Gewerkschaften. Ziel des Bündnisses ist es „soziale, ökologische und ökonomische Verbesserungen entlang der Textillieferkette zu erreichen". Das Bündnis besteht aus diversen Arbeitsgruppen zu z.B. „Naturfasern", „Sozialstandards und existenzsichernde Löhne" und „Chemikalien- und Umweltmanagement".[108] In seinem Nachhaltigkeitsbericht stellt KiK seine Tätigkeit in den Arbeitsgruppen des Bündnisses vor, insbesondere in der „Kernarbeitsgruppe Wirtschaft". Das Unternehmen war insbesondere bei der Verbesserung der Produktions- und Arbeitsbedingungen in der Lieferkette tätig. Allerdings waren genaue Daten zu seiner Beschäftigung in dem Bündnis nicht vorhanden. Das Unternehmen setzt sich in dem aktuellsten Nachhaltigkeitsbericht als Ziel sich aktiv in den Arbeitsgruppen zu engagieren, um Umwelt- und Sicherheitsziele in der Lieferkette zu erreichen.[109]

Bereits im Jahr 2011 wurde KiK ein Mitglied der „Carbon Performance Improvement Initiative (CPI2)".[110] Diese Initiative von Handelsunternehmen hat das Ziel die negativen Auswirkungen der Textilindustrie auf die Umwelt zu reduzieren. Die Initiative richtet sich auf die Verbesserung des Einsatzes von Energie, Wasser und Chemikalien bei der Herstellung der Produkte. Die CPI2 hat eine Anwendung für die Selbsteinschätzung von Fabriken entwickelt (Online-Self-Assessment-Tool), dass die Prozesse der Fabriken analysiert. Am Ende des Tests werden Handlungsempfehlungen und Verbesserungsmaßnahmen gegeben, „jede von ihnen mit einer Anleitung zur Umset-

---

[108] Bündnis für nachhaltige Textilien. "Startseite" www.textilbuendnis.com/de/startseite/das-textil-buendnis

[109] KiK Textilien und Non-Food GmbH 2015a: 16; 21.

[110] ebd. S. 21.

zung sowie Angaben zu Kosten, Payback-Zeiten und den zu erwartenden Vorteilen". Allerdings kostet der Zugang 499$.[111] Zur Zeit der Verfassung des Nachhaltigkeitsberichts 2015 nahmen 85% der Lieferanten von KiK an dem Test teil. Im aktuellen Nachhaltigkeitsbericht legt KiK seine zukünftigen Bemühungen fest, die Lieferanten mehr in Projekte einzubinden, um soziale und ökologische Nachhaltigkeitsziele besser erreichen zu können.[112]

Evaluation und Handlungsempfehlungen

Im Rahmen der Arbeit trafen wir auf eine Vielzahl von Handlungsfeldern und Strategien in Bezug auf Nachhaltigkeit. Gleichzeitig werden mit der Vielzahl an Maßnahmen auch viele Fragen aufgeworfen, die leider nicht aus dem Kontext beantwortet werden konnten. Bei der Wertung, die wir in diesem Fall nicht komplett objektiv vornehmen können, werden demnach sowohl positive als auch negative und kritische Anmerkungen laut.

Der in der Arbeit schon oft zitierte Nachhaltigkeitsbericht von 2015 ist dabei positiv zu bewerten. Eine Entwicklung in der Definition von Nachhaltigkeit für das Unternehmen lässt sich in der Betrachtung der Berichte von 2010, 2013 und 2015 im Vergleich klar erkennen. So fasst KiK die Definition von Nachhaltigkeit im Laufe der Jahre enger. Die noch 2010 im Bericht aufgeführten sozialen Projekte werden im Jahre 2015 schon nicht mehr unter die Thematik der Nachhaltigkeit gesetzt, sondern unter dem übergeordneten Punkt der „Verantwortung" geführt.[113]

---

[111] CPI2-Tool (http://www.cpi2.org/cpi2-tool/)

[112] KiK Textilien und Non-Food GmbH 2015a: 16

[113] KiK Textilien und Non-Food GmbH 2015a: 13

Die ausführlichen Berichte nach den Standards des deutschen Nachhaltigkeitskodex sind dabei nicht nur vorbildlich für eine transparente Gestaltung der Nachhaltigkeit. Gleichzeitig zeigt sich durch die Berichte auch die Selbstverpflichtung die KiK damit eingeht. Selbstverpflichtung nicht nur durch Nachhaltigkeitsberichte, in denen KiK seine Maßnahmen und Strategien offenlegt, sondern auch mit der Mitgliedschaft im Bündnis für Nachhaltige Textilien. Durch die Mitgliedschaft verpflichtet sich KiK zusätzlich zu den selbst gesetzten Kriterien in puncto Nachhaltigkeit auch gegenüber dem Bündnis. Eine nachhaltige Strategie und deren Ziele im Hinblick auf Arbeitsbedingungen der Lieferanten sowie die ressourcenschonende Produktionsweise sind die Folge. Ebenso spricht für die Nachhaltigkeit des Unternehmens die anfangs erwähnte Service Unit in Bangladesch, die die Einhaltung der Standards überwacht und ebenso als Ratgeber der Lieferanten dient.

Grade in Bezug auf die Lieferanten scheint KiK nach jahrelanger Kritik von außen besonders nachhaltig zu agieren. Das Programm für Premium und Sustainable Suppliers (NH-Bericht 2010) ist eine weitere Maßnahme die auf eine nachhaltige Arbeit des Unternehmens hindeutet.[114] Auch wenn dies nicht allein auf Nachhaltigkeit bezogen ist, so bleibt doch auch die Vielzahl von Projekten die KiK auf nationaler und internationaler Ebene im sozialen Bereich unterstützt an dieser Stelle nennenswert. Das Bündnis für nachhaltige Textilien sorgt durch die

---

[114] KiK Textilien und Non-Food GmbH 2010: 28. Der Nachhaltigkeitsbericht 2009/2010 ist momentan über die deutsche Seite nicht abrufbar, nur eine englische Version ist über die tschechische Unterrubrik der Webseite erhältlich: http://www.kik-textilien.com/unternehmen/fileadmin/user_upload_de/Tschechien/NHB_E_online.pdf

eigenen Vorgaben für konstante Bemühungen um Nachhaltigkeit unter den Partnern: „Ab 2017 sollen, ab 2018 müssen alle Bündnismitglieder ihre jährlichen Maßnahmenpläne veröffentlichen. Erfolgt die Abgabe nicht, greifen Sanktionen bis hin zum Bündnisausschluss".[115] Diese Vorschriften des Bündnisses sorgen dafür, dass auch KiK seine Transparenz und Maßnahmen weiterhin offenlegen muss, um im Bündnis zu bleiben.

Trotz der Veröffentlichung der Nachhaltigkeitsberichte stellten sich im Laufe unserer Recherchen noch weitere Fragen. Wir schrieben am 1. Februar 2017 eine E-Mail an das Unternehmen, mit folgenden Fragen:

1. Welche Kommunikationsstrategien sind in Bezug auf a) Kund_innen und b) Lieferanten aus Ihrer Sicht am erfolgreichsten?
2. Welches Nachhaltigkeitsbild kommunizieren Sie gegenüber ihren Lieferanten?
3. Weshalb führen Sie soziales Engagement nicht mehr als eigenes Handlungsfeld in ihrem aktuellen Nachhaltigkeitsbericht auf?
4. Wie arbeiten Sie mit ihren Lieferanten zusammen?
5. Welche Nachhaltigkeitsstrategien in Bezug auf a) Kund_innen und b) Lieferanten sind für Sie am wichtigsten?

---

[115] Bündnis für nachhaltige Textilien. „Factsheet: Bündnis für nachhaltige Textilien" http://www.textilbuendnis.com/images/pdf/Factsheet/2016-12-16_DE_Factsheet_NHTW_low.pdf, S. 2

Die Antwort von Seiten des Unternehmens war folgende:

Obwohl die Antwort fast selbst erklärend ist, wurden wir nun skeptisch in Bezug auf die „Nachhaltigkeit" von KiK. Ein Unternehmen, das sich als transparent und nachhaltig darstellt, aber auf Anfrage keine Stellung nehmen möchte, sehen wir dabei als sehr kritisch an. Die mangelnde Transparenz im direkten Kontakt wurde auch schon 2011 von Seiten der ARD bemängelt. Die ARD berichtete am 27.07.2011 in der Reportage „Die KiK-Story" über die Ausbeutung von Mitarbeiter_innen bei Lieferanten und den Filialen die zu Dumpinglöhnen arbeiteten. Auch 2011 bezog das Unternehmen anfangs keine Stellung, sondern versuchte die Reportage gerichtlich verbieten zu lassen. Nachdem ein gerichtliches Verbot scheiterte und die Reportage veröffentlich wurde, räumte das Unternehmen Fehler ein.

Insgesamt macht das Unternehmen auch auf uns trotz „versuchter" Transparenz einen gegenteiligen Eindruck. So konnten unsere offenen Fragen nicht beantwortet werden, es mangelt ebenso in der Transparenz in Bezug auf die *Wirksamkeit* von Maßnahmen, die innerhalb der Berichte nicht klar dargestellt werden. Kritik an der Nachhaltigkeit lässt sich auch durch eine sehr einseitige Betra-

---

[116] Zum Schutz der Persönlichkeitsrechte haben wir den Namen des Absenders für diese Publikation weggelassen. Dieser ist uns aber bekannt.

chtung des Unternehmens begründen. So beziehen sich sämtliche Kennzahlen innerhalb der Berichte nur auf Deutschland. Länder wie Polen oder Ungarn werden in der Nachhaltigkeit nicht betrachtet. Selbst innerhalb Deutschlands macht die Webseite einen fragwürdigen Eindruck. So änderten sich innerhalb des Untersuchungszeitraums Webinhalte in Bezug auf Nachhaltigkeit wöchentlich. Nach dem Stand vom 15.03.2017 sind sämtliche Nachhaltigkeitsberichte auf der deutschen Webseite nicht mehr auffindbar.[117]

Fazit

Die Analyse der strategischen Nachhaltigkeitskommunikation der KiK Textilien und Non-Food GmbH sah auf den ersten Blick sehr überzeugend aus, vor allem, weil unsere Erwartungen in Bezug auf Nachhaltigkeit eines preisgünstigen Textilunternehmens niedrig waren. Allerdings hat die erste und eher oberflächliche Analyse der CSR-Kommunikation des Unternehmens gezeigt, dass KiK sein verantwortungsvolles Handeln auf seiner Webseite sehr deutlich darstellt. Unter Verantwortung findet man drei Nachhaltigkeitsberichte, einen Verhaltenskodex für seine Lieferanten und weitere Informationen über seine Produktionsstätten sowie Informationen über das internationale und nationale gesellschaftliche Engagement. Zusätzlich gibt es einen „Corporate Blog" von KiK sowie eine YouTube-Präsenz, die zusätzliche Kanäle für CSR-Kommunikation darstellen.

---

[117] Sei es als Reaktion auf unsere Anfrage oder im Zuge einer geplanten Umgestaltung der Webseite: Die Inhalte waren kurzfristig nicht verfügbar, sind mittlerweile aber wieder zu finden (http://www.kik-textilien.com/unternehmen/de/verantwortung/nachhaltigkeit/)

Unsere Analyse der Nachhaltigkeitsberichte, der sozialen Medien und des Verhaltenskodexes haben gezeigt, dass obwohl das Unternehmen viele Inhalte über sein Handeln veröffentlicht, diese nicht viel Substanz oder klargelegte Ziele enthalten. Daraus schließen wir, dass das Unternehmen mehr Wert auf Quantität und weniger auf Qualität in seiner Nachhaltigkeitskommunikation legt.

Die fehlenden konkreten Informationen in Bezug auf die Lieferanten haben uns dazu ermutigt die Pressestelle des Unternehmens zu kontaktieren. In dieser Instanz wurde unsere Anfrage aber abgelehnt. Wir haben die mangelnde oder nicht gewollte Transparenz persönlich erfahren. Diese Erkenntnisse haben uns zu dem Fazit geführt, dass KiK Nachhaltigkeit wegen des Drucks von externen Bezugsgruppen kommuniziert, um das Image des Unternehmens zu verbessern, insbesondere nach den Fabrikbränden 2012 in Südasien. Verantwortungsvolles, nachhaltiges Handeln ist nach unserem Eindruck nicht unmittelbar in die Identität des Unternehmens eingebettet. Es lässt sich schließen, dass die Nachhaltigkeitskommunikation von KiK eine Reaktion auf Druck von außen ist und das Konzept von nachhaltiger Entwicklung nicht ein Hauptteil der Markenidentität ist.

Quellen

Bündnis für nachhaltige Textilien. "Index" www.textilbuendnis.-com/index.php/de/. (Abgerufen am 07.03.2017).

Bündnis für nachhaltige Textilien. „Startseite" www.textilbuendnis.com/de/startseite/das-textil-buendnis. (Abgerufen am 07.03.2017).

Bündnis für nachhaltige Textilien. „Factsheet: Bündnis für nachhaltige Textilien" http://www.textilbuendnis.com/images/pdf/Factsheet/2016-12-16_DE_Factsheet_NHTW_low.pdf. (Abgerufen am 15.03.2017).

CPI2 Webseite. „Home" www.cpi2.org/home. (Abgerufen am 07.02.2017).

KiK Textilien und Non-Food GmbH. www.KiK.de (Abgerufen am 07.02.2017).

KiK Textilien und Non-Food GmbH (2010): KiK Sustainability Report 2010. http://www.kik-textilien.com/unternehmen/fileadmin/user_upload_de/Tschechien/NHB_E_online.pdf [deutsche Version über die Webseite nicht mehr abrufbar.]

KiK Textilien und Non-Food GmbH (2015a): Nachhaltigkeitsbericht 2013/2014. http://www.kik-textilien.com/unternehmen/fileadmin/user_upload_de/Kategorien/Verantwortung/Nachhaltigkeitsbericht/3_Nachhaltigkeitsbericht.pdf (Abgerufen am 07.02.2017).

KiK Textilien und Non-Food GmbH (2015b): Code of Conduct. Web. www.KiK-textilien.com/unternehmen/fileadmin/media/blaetterkataloge/COC_DE/blaetterkatalog/pdf/complete.pdf. (Abgerufen am 07.02.2017).

KiK "Über uns" www.KiK-textilien.com/unternehmen/ueber-uns/ (Abgerufen am 07.02.2017).

KiK „Verantwortung" http://www.kik-textilien.com/unternehmen/verantwortung/ (Abgerufen am 29.09.2017)

KiK Blog. „Startseite" www.KiK-blog.de. (Abgerufen am 14.03.2017).

Bundesverband Erneuerbare Energie e.V.

Josefine Liesfeld und Vera Scheunert

Einleitung

Nachhaltigkeit als Konzept und Lebensweise tritt Jahr für Jahr mehr in das Bewusstsein der Gesellschaft, in Form von wachsendem Verkauf und Konsum von Bio-Lebensmitteln, wachsenden Angeboten zum Carsharing, dem Wechsel zum Ökostromanbieter oder bei der Bevorzugung von sozial-gerecht hergestellter Kleidung. Durch die wachsende Aufmerksamkeit der Gesellschaft für die ökologischen, sozialen und ökonomischen Aspekte von Nachhaltigkeit sowie dem Verbrauch bisher genutzter Rohstoffe, muss sich auch die Wirtschaft dem Thema Nachhaltigkeit widmen und dazu Stellung beziehen.

Der Bereich der erneuerbaren Energien hat sich in den letzten Jahren stark ausdifferenziert und erweitert. Im Folgenden wird die Kommunikationsstrategie des Bundesverbands Erneuerbare Energie e.V. (im Folgenden: BEE) in Bezug auf Nachhaltigkeit untersucht. Der BEE vereint als Wirtschaftsverband unterschiedliche Interessengruppen der Branche unter einem Dach, die alle für neue und nachhaltige Formen der Energieerzeugung eintreten. Die Informationen für diese Analyse stammen aus öffentlich zugänglichen (Online-)Quellen und aus einem persönlichen Interview mit dem Leiter der AG Kommunikation des BEE.

Zunächst wird die Arbeit, Funktion und Philosophie des BEE vorgestellt. Anschließend wird das Bild der Nachhaltigkeit des BEE porträtiert und kurz erläutert. Weitergehend wird im Schwerpunkt dieser Analyse die Kommunikationsstrategie des BEE in Bezug auf Nachhaltigkeit analysiert. Hierzu werden im ersten Schritt die Bezugsgruppen des BEE aufgezeigt und in ihren Funktionen dargelegt. Anschließend werden die Kommunikationsmaßnahmen für einzelne Bezugsgruppen vorgestellt und analysiert. Im letzten Schritt soll überprüft werden, ob eine strukturierte und sinnvolle Kommunikationsstrategie erkennbar ist und ob diese als erfolgreich bewertet werden kann. Auf Grundlage der ermittelten Ergebnisse werden Handlungsempfehlungen gegeben. Im letzten Abschnitt werden die Erkenntnisse zur strategischen Kommunikation des BEE in Bezug auf Nachhaltigkeit zusammengefasst.

Vorstellung des Akteurs

Der Bundesverband Erneuerbare Energie e.V. ist der Dachverband der erneuerbare-Energien-Branche und wurde 1991 in Berlin gegründet. Das Ziel des BEE ist es, die energiepolitischen und energiewirtschaftlichen Rahmenbedingungen für erneuerbare Energien zu verbessern um eine Chancengleichheit für erneuerbare Energien im Konkurrenzkampf gegenüber fossilen Energieträgern (Öl, Kohle, Gas) durchzusetzen.[118] Der BEE agiert dabei auf Europa-, Bundes- sowie Länderebene und hat dementsprechend Sitze in Brüssel, Berlin und in den verschiedenen Bundesländern. Zusammengefasst kann der BEE als Interessenverband beschrieben werden, der klassisches politisches Lobbying für die Branche der erneuerbaren Energien betreibt.

---

[118] vgl. https://www.bee-ev.de/home/verband/aufgaben-und-ziele/

Der BEE konzentriert sich dabei auf folgende Ziele:

- Politische Interessenvertretung
- Öffentlichkeitsarbeit
- Wissenschaftliche Expertise
- Future Screening [Zukunftsszenarien]
- Events und Veranstaltungen[119]

Der BEE sieht seine Rolle als Vertreter der Wirtschaft wie auch als Anbieter von Informationen und Expertenmeinungen zu erneuerbaren Energien in Deutschland, der Einfluss auf die Gestaltung rechtlicher Rahmenbedingungen ausübt. Die politische Interessenvertretung ist der größte Arbeitsbereich des Bundesverbands, der in dieser Beziehung vor allem als Wirtschaftsverband auftritt. Diese Arbeit beruht auf Kommunikation, welche der BEE als Vertreter der Branche gegenüber der Landes- und Bundespolitik einnimmt. Die Öffentlichkeitsarbeit und wissenschaftliche Expertise des BEE gehen Hand in Hand, um einen Kontakt zwischen der Branche der erneuerbaren Energien und der Politik herzustellen. Im Arbeitsbereich des Future Screening bewirbt der BEE seine Funktion als Dachverband und bietet seinen Mitgliedern ein bestehendes Netzwerk aus Kontakten der Erneuerbaren-Energien-Branche.

Seinen thematischen Fokus legt der BEE gegenwärtig auf das in 1990 entworfene und 2000 verabschiedete erneuerbare Energien Gesetz (EEG), die Europäische Klimapolitik, die Wärmereduktion, den Wandel der Mobilität, sowie den Klimaschutz generell.[120]

---

[119] vgl. https://www.bee-ev.de/home/verband/mitglied-werden/

[120] vgl. https://www.bee-ev.de/dossiers/

Mitglieder des BEE sind Strom- oder Gasanbieter (Licht-Blick, ARGE Netz, Greenpeace Energy, u.a.), aber auch Umweltorganisationen und andere Bundesverbände wie der Bundesverband Solarwirtschaft e.V, der Bundesverband WindEnergie e.V., der Bundesverband eMobilität e.V. Wie bereits erwähnt, erfüllt der BEE die Funktion eines Dachverbandes und vereint Mitglieder aus vielen verschiedene Richtungen (politisch, ökonomisch, sozial, ökologisch), um deren gemeinsame Interessen zu vertreten.

Der Bundesverband verfügt über einen Vorstand, der alle drei Jahre neu gewählt wird und dessen Aufgabe es ist die Beschlüsse der Mitgliederversammlung des BEE geeinigt durchzusetzen. Der Vorstand besteht aus einem Präsidium und den drei höchsten, kooptierten Vorstandsmitgliedern. Seit 2013 ist Dr. Ing. E.h. Fritz Brickwedde Präsident des BEE. Aufgaben des Präsidiums sind die Budgetplanung sowie die Vorbereitung der Vorstandstreffen.

Der BEE ist in einzelne Arbeitsgruppen unterteilt. Neben der Arbeitsgruppe Kommunikation sind die anderen Arbeitsgruppen thematisch definiert. Es existieren zusätzlich die Arbeitsgruppen: Strom, Wärme, Europa und Mobilität. Diese setzen sich aus Expert_innen der jeweiligen Fachgebiete zusammen. Sie arbeiten fortlaufend an neuen Konzepten, Ideen und Strategien für den Ausbau der erneuerbaren Energien.

Nachhaltigkeitsbild des BEE

Der BEE sieht den Aufbau bzw. Umbau von Infrastrukturen der Energieversorgung hin zu erneuerbaren Energiequellen und -trägern als ein an sich nachhaltiges Konzept an. Der Präsident des BEE argumentiert:

[E]rneuerbare Energien sind nicht nur die ökologisch, sondern auch die ökonomisch klügere Alternative – denn sie schaffen nachhaltige Arbeitsplätze, sorgen für Innovation und sind ein Gewinn für die Regionen. Seit mittlerweile 25 Jahren setzt sich der BEE für eine saubere Energieversorgung ein.[121]

Sowohl Ökologie, Ökonomie als auch der soziale Faktor werden in diesem Statement angesprochen. Diese prominent auf der Startseite platzierte Aussage charakterisiert den BEE als nachhaltig. Weitere Aussagen dieser Art finden sich auf der Webseite des BEE nicht. Wie uns der Leiter der AG Kommunikation des BEE in einem Gespräch mitteilte, wird der Begriff Nachhaltigkeit bewusst nicht in der Kommunikation des BEE verwendet. Der Begriff hinterlasse einen verbrauchten Eindruck und erinnere vor allem an die 80er und 90er Jahre sowie an die Nachhaltigkeitsstrategie der Bundesregierung. Die AG Kommunikation versucht daher diesen sehr dehnbaren Begriff durch konkretere Begriffe zu ersetzen, wie sie eher in der Wirtschaftskommunikation üblich sind. Es wird darauf geachtet möglichst präzise, wirtschaftliche Begriffe zu verwenden, damit der Verband von außen nicht als „Öko-Verein", sondern als Wirtschaftsverband wahrgenommen wird.

Über die Themen des BEE sollen die Verbände aller Sparten der erneuerbaren Energien verknüpft und nach außen hin vertreten werden. Der BEE benennt dazu fünf

---

[121] https://www.bee-ev.de/home/

Herausforderungen, in denen sich Nachhaltigkeit widerspiegelt.

Eine zentrale Rolle spielt das Erneuerbare-Energien-
Gesetz (EEG): Um einen weiteren Ausbau der Infrastruktur
für erneuerbare Energien zu befördern ist das EEG von
Relevanz. Die Reform des EEG im Sommer 2017 kommentiert Geschäftsführer des BEE, Dr. Hermann Falk:

> Der mit dem EEG 2017 vorgenommene Systemwechsel
> hin zu Ausschreibungen ist ein deutlicher Rückschlag
> für die dezentrale Energiewende. Bislang war das EEG
> der Motor für den Ausbau sauberer Energien, mit der
> heutigen Reform dient es dagegen in erster Linie der
> Bewahrung fossiler Energieträger und der deutlichen
> Drosselung beim Tempo der Energiewende.[122]

Der Bundesverband möchte sich auch weiterhin für das
EEG einsetzen, seine Kernelemente beibehalten und
dadurch einen Vorrang für die erneuerbaren Energien
schaffen (ebd.).

Auf Europaebene beobachtet der BEE vor allem die Kli-
ma- und Energiepolitik. Dazu gehören unter anderem das
EU-finanzierte Projekt Keep on track! in dem der BEE den
Ausbau und den Fortschritt in der Branche untersucht
und mögliche Herausforderungen benennt. Unter Anderem möchte der BEE den Markt der erneuerbaren Energien in Europa damit vorantreiben.[123]

Nicht nur Strom sondern auch Wärmeenergie soll künftig
aus erneuerbaren Energien gewonnen werden. An dieser
Stelle engagiert sich der BEE vor allem für eine steuerliche

---

[122] vgl. Dossier 01 www.bee-ev.de/dossiers/eeg

[123] vgl. Dossier 03 www.bee-ev.de/dossiers/europa

Förderung von energetischen Sanierungen. Dazu hat der Bundesverband bereits im Januar 2015 ein Positionspapier erstellt. Das langfristig bis 2050 gesetzte Ziel ist dabei, einen klimaneutralen Gebäudezustand in der gesamten Bundesrepublik zu erreichen. Für dieses Ziel stellt sich der BEE beratend zur Verfügung.[124]

Auch im Sektor der Mobilität bezieht der BEE Position und weist auf die Möglichkeiten von Biokraftstoffen sowie von Elektromobilität hin. Der BEE stellt auch einige „kurzfristige Handlungsmöglichkeiten für die Politik" bereit. Eine „Beschaffungsinitiative für die (teilweise) Umstellung öffentlicher Fuhrparks auf Elektromobilität", die „Schaffung von Anreizmechanismen für die Nutzung von Elektrofahrzeugen als mobile Energiespeicher zur Entlastung der Stromnetze" sowie die „Einführung einer rein CO_2-basierten Kfz-Steuer nach dem Bonus-Malus-Prinzip" sind drei der vorgeschlagenen Handlungsansätze.[125]

Der Klimawandel stellt die fünfte Herausforderung des BEE da. Hier spannt der Verband den Bogen vom Klimaschutz zu den erneuerbaren Energien. Dabei sind die erneuerbaren Energien „Klimaschützer Nummer 1". Die Reduktion von Treibhausgasen sei nur durch den konsequenten Einsatz von erneuerbaren Energien möglich, da diese als zuverlässige Stromquelle dienen können.[126]

---

[124] vgl. Dossier 04 www.bee-ev.de/dossiers/waerme

[125] vgl. Dossier Erneuerbare Mobilität www.bee-ev.de/dossiers/mobilitaet

[126] vgl. Dossier 05 www.bee-ev.de/dossiers/klimaschutz

Innerhalb dieser fünf Bereiche siedelt sich das Themenspektrum des BEE an. Dabei wird deutlich, dass es vorrangig darum geht, die Anteile der erneuerbaren Energien in der Energiebranche zu vergrößern. Im selben Zug wird dies mit dem Hinweis auf die Minimierung von Umweltrisiken gerechtfertigt. Wie oben erwähnt kommt dies auch dem sozialen Aspekt der Nachhaltigkeit zu Gute, da durch den Um- und Ausbau der Infrastruktur durch erneuerbare Energien auch Arbeitsplätze geschaffen werden. Dennoch wird dieser gesellschaftliche Nutzen erneuerbarer Energien auf sozialer und ökonomischer Ebene in der Kommunikationsstrategie des BEE nur am Rande thematisiert. Die Vereinten Nationen benennen in den Sustainble Development Goals explizit „access to affordable, reliable, sustainable and modern energy for all"[127] als Ziel. Für den BEE spielen aber in seiner Kommunikationsstrategie die sozialen Aspekte dieses Ziels eine untergeordnete Rolle gegenüber der Vertretung der einzelnen Wirtschaftsverbände und -interessen.

Bemerkenswert ist an dieser Stelle jedoch, dass weder auf der Webseite des BEE noch in den Pressemitteilungen eine Äußerung zu der immer wieder aufkommenden Debatte um Windräder und Tierschutz zu finden ist. Oft geht es darum, dass Wildtiere wie Vögel an Windkraftwerken ernsthaften Schaden nehmen und ihr Lebensraum durch die Windräder noch weiter eingeschränkt wird. Artenschützer fordern daher bereits strengere Maßnahmen für den Bau von Windparks. Und auch bei Windparks im Küstenbereich, sogenannten Offshore-Parks, bemängeln Tierschützer, dass durch den Lärm der bei der Errichtung

---

[127] United Nations. Sustainable Development Goals. http://www.un.org/sustainabledevelopment/energy/

entsteht, auch Meerestiere in ihrem natürlichen Umfeld gestört werden.[128] Ein Mitarbeiter des BEE verwies an dieser Stelle darauf, dass es sich bei dem BEE um einen Dachverband der erneuerbaren Energien handelt, der sich vorrangig mit den politischen Themen der Energiewirtschaft beschäftige. Da jede Energieform einen Eingriff in die Natur darstelle, stoßen auch die Erzeuger erneuerbarer Energie immer wieder auf Kritik. Aussagen zur Kritik an den erneuerbaren Energien klammert der BEE bewusst aus und überlässt die Auseinandersetzung mit Kritiker_innen den jeweiligen Fachverbänden. Diese wiederum beschäftigen sich mit der Kritik, beziehen Stellung und versuchen Akzeptanz in der Bevölkerung für die neuen Energieformen zu schaffen. So verbreitet beispielsweise der Bundesverband WindEnergie eine Broschüre mit Argumenten für Windenergie „Wind bewegt" und wirbt auf seiner Webseite für mehr Akzeptanz.[129] Der BEE als Dachverband *aller* erneuerbaren Energieerzeuger sieht sich nicht in der Position auf einzelne Kritiken einzugehen und distanziert sich davon Aussagen zu spezifischen Themen einzelner Mitgliedsbranchen zu machen.

Wenngleich der BEE versucht, den Begriff Nachhaltigkeit zu vermeiden und sich selbst als Wirtschaftsverband darstellt, macht er sich dennoch stark für ökologisch nachhaltige Alternativen in der Energiebranche, die auf lange Sicht auch Arbeitsplätze sichern. Für den BEE ist zwar der Begriff veraltet, dennoch steht er mit seinen Aufgaben und Zielen hinter einer nachhaltigen Entwicklung innerhalb Deutschlands und Europas. Dazu gehört natür-

---

[128] vgl. Grenpeace Deutschland www.greenpeace.de/themen/meere/industriegebiet-meer/offshore-wind-muss-leiser-werden

[129] vgl. https://www.wind-energie.de/themen/akzeptanz

lich auch, dass der BEE selbst Strom aus erneuerbaren Energien bezieht, bei Reisen darauf geachtet wird, dass der ökologische Fußabdruck ausgeglichen wird und Veranstaltungen nachhaltig organisiert werden. Auch auf der Seite mit der Programmankündigung für den Neujahrsempfang 2017 bewirbt der Bundesverband eine Anreise mit der Deutschen Bahn (DB), die zu 100% Ökostrom verwendet. Zusätzlich wird es beim Neujahrsempfang eine Naturstrom-Lounge geben.[130]

Bezugsgruppen des BEE

Für erfolgreiche strategische Kommunikation ist zunächst immer eine möglichst klare Definition der zu erreichenden Bezugsgruppen (auch Stakeholder genannt) nötig. Beim BEE handelt es sich um einen Interessenverband von Unternehmen der erneuerbaren Energieerzeugung in Deutschland. Die primären Bezugsgruppen des BEE sind daher die Wirtschaft, das politische Umfeld und die Öffentlichkeit. Zur näheren Betrachtung dieser Bezugsgruppen und der jeweiligen Kommunikation wurde der Fokus dieser Analyse auf das politische sowie das öffentliche Umfeld gelegt.

Das politische Umfeld spielt eine große Rolle für den BEE. Auf seiner Webseite erläutert der BEE sehr genau seine Ziele und Motivationen als Dachverband der erneuerbaren Energien. Die politische Interessenvertretung steht dabei an erster Stelle. Ohne den Kontakt und die damit entstehende Zusammenarbeit mit der Politik wäre der BEE nur ein weiterer Interessenverband. Der BEE stellt für alle Mitglieder den Kontakt zur Politik her. Die hohe Mitgliederzahl

---

[130] vgl. www.bee-ev.de/home/veranstaltungen/neujahrsempfang-2017/

versetzt ihn die Lage als einflussreicher Wirtschaftsverband wahrgenommen zu werden. Generell könnte man sagen, dass das politische Umfeld die Bezugsgruppe ist, die der BEE mit all seinen Leistungen erreichen möchte. Einerseits berät der BEE mit wissenschaftlicher Expertise die Politik, z.B. bei der Gestaltung neuer Gesetze. Andererseits bringt der BEE bei Events und Veranstaltungen Politiker_innen und Vertreter_innen der Unternehmen seiner Branchen zusammen und bringt seine Themen rund um die erneuerbaren Energien in die Öffentlichkeit.

Die Öffentlichkeit stellt eine weitere wichtige Bezugsgruppe des BEE dar. Diese wird aber nicht direkt angesprochen. Der BEE möchte Aufmerksamkeit auf erneuerbare Energien lenken und ein Bewusstsein für die Endlichkeit der natürlichen Ressourcen in der Gesellschaft schaffen. Hierfür arbeitet der BEE hauptsächlich, bzw. ausschließlich mit Journalist_innen zusammen. Der BEE fungiert als ein Informationsgeber und stellt den Kontakt zu Expert_innen her, z.B. in Form von Pressemitteilungen, Stellungnahmen oder Berichten. Damit richtet sich die Öffentlichkeitsarbeit des BEE klar an Journalist_innen und nicht an Privatpersonen. Der BEE bündelt als Dachverband die Interessen der einzelnen Mitglieder und verleiht diesen dadurch Präsenz und Aufmerksamkeit in einem erweiterten Kreis, welcher ohne den BEE von den meisten der Mitglieder nicht in gleichem Maße individuell erreicht werden könnten.

Analyse der Kommunikationsmaßnahmen

Um die Ziele des BEE zu realisieren, sowie in den Dialog mit den oben genannten Bezugsgruppen zu treten, bedient sich der BEE unterschiedlicher Kommunikationsmaßnahmen, die jeweils auf diese Gruppen abgestimmt sind. Verschiedene Gruppen werden also durch die Nutzung unterschiedlicher Medien und Kanäle erreicht. Die Kommunikationsmaßnahmen des BEE reichen von der Webseite (www.bee-ev.de) über Veranstaltungen, Tagungen und Publikationen zu relevanten Themen aus der Energiebranche. Des Weiteren erscheint einmal im Monat ein öffentlicher Newsletter, der per E-Mail verschickt wird. Soziale Medien stellen ebenfalls eine Plattform für die Kommunikation mit den Bezugsgruppen des BEE dar: Ein regelmäßig aktualisierter Twitter Account wie auch ein YouTube Kanal werden vom BEE genutzt. Führt der BEE Kampagnen durch, werden diese über eine eigene Webseite verbreitet. Beispiele hierfür sind die Kampagnen „Erneuerbare Energiewende Jetzt!"[131] sowie die europaweite Kampagne Keep on track!. Im Folgenden wird ermittelt, welche Kommunikationsmaßnahmen welche Akteure erreichen und wie die Ziele des BEE mit diesen Kommunikationsmaßnahmen vermittelt werden.

Die Webseite stellt die Grundlage für die externe Kommunikation des BEE dar. Auf der Webseite finden sich alle Informationen rund um die Arbeit des BEE, seine Ziele, thematische Dossiers und Hinweise zu Veranstaltungen. Dabei ist vor allem die Dichte an Informationsmaterial zu bemerken. Die englische Version der Seite ist hier wesentlich geringer im Umfang und weniger informativ. Die deutsche Seite hat sehr viele Rubriken und Unterordner. Dadurch wirkt sie für Außenstehende zunächst unübersichtlich und redundant. Liest man sich jedoch in das Thema ein, finden sich viele hilfreiche und sehr aus-

---

[131] Die Webseite existiert im Juli 2017 nicht mehr. Es wird von dort unmittelbar auf die Startseite des BEE umgeleitet. Zum Zeitpunkt unserer Analyse im Winter 2016/17 war die Seite noch online.

führliche Informationen. Der Leiter der AG-Kommunikation des BEE teilte uns mit, dass sich die Informationen vorrangig an ein Fachpublikum richten, das spezifische Informationen benötigt. Außerdem soll die Webseite zur Profilierung des Verbands im politischen Umfeld dienen. Die Webseite dient neuen Mitgliedern oder Interessenten oft als erster Anlaufpunkt. Dort finden sich nicht nur Informationen zum Dachverband und seinen Aufgaben sondern auch zu bereits beigetretenen Verbänden, Organisationen und Unternehmen[132] Unter dem Punkt Mitglied werden werden all diese Informationen noch einmal zusammengefasst. Dort findet sich auch eine Liste über Voraussetzung für die Aufnahme als ordentliches Mitglied und als Fördermitglied. Es gibt jedoch keine Möglichkeit direkt über die Webseite einen Mitgliedsantrag zu stellen. Am linken Rand der Seite befindet sich die Satzung, ein Leistungskatalog sowie Anträge auf Aufnahmen zu ordentlichen Mitgliedern und Fördermitgliedern.

Auf der Webseite werden neben den direkt auf der Seite abrufbaren Informationen ebenfalls eine Bandbreite an unterschiedlichen Publikationen und Infografiken bereitgestellt.[133] Die Studien werden extern vom BEE in Auftrag gegeben und sollen als zuverlässige Informationsquelle vor allem für Journalist_innen und das Fachpublikum dienen. Der Leiter der AG Kommunikation bestätigt, dass es sich dabei nicht ausschließlich um neutral erstellte Publikationen handelt, die der BEE lediglich präsentiert. Dabei betont er jedoch, dass darauf geachtet wird eine möglichst objektive Perspektive einzunehmen. Es werden lediglich keine Studien veröffentlicht, die sich konkret

---

[132] vgl. www.bee-ev.de/home/verband/mitglieder

[133] www.bee-ev.de/home/publikationen

gegen erneuerbare Energien aussprechen. Die Kombination von wissenschaftlich fundierten Analysen und Zustandsberichten mit der zugegeben parteiischen Position des BEE wird allerdings von den relevanten Bezugsgruppen größtenteils als positiv wahrgenommen. Der BEE wird als vertrauenswürdige und zuverlässige Quelle betrachtet. Die Studien stellen vor allem neue Lösungswege oder zumindest -ansätze für Probleme vor oder gehen auf Kritik an den erneuerbaren Energien ein. Da sie jedoch nicht immer ohne jegliche Vorkenntnisse zu verstehen sind, benötigt es ein wenig Einarbeitung in die Materie um neue Erkenntnisse zu gewinnen.

Monatlich erscheint ein Newsletter, der in seiner Aufmachung sehr simpel und inhaltsbasiert wirkt. Neben dem Banner des BEE werden keine weiteren Grafiken verwendet und etwa fünf Nachrichten folgen aufeinander. Dabei handelt es um Entwicklungen und Stellungnahmen zu politischen Vorgängen innerhalb der erneuerbaren Energiebranche. Oft wird mit Verlinkungen zu weiterführenden Informationen auf der Webseite des BEE gearbeitet. Es wird auch auf kommende Veranstaltungen und Tagungen des BEE hingewiesen. Zwar kann man auch als Einzelperson den Newsletter über die Webseite des BEE abonnieren, allerdings entsteht hier schnell der Eindruck, dass der Newsletter sich vorrangig an Mitglieder und politische Entscheidungsträger richtet.

Auf der Webseite des BEE ist ein detaillierter und regelmäßig aktualisierter Veranstaltungskalender zu finden. An dieser Stelle bewirbt der BEE nicht nur hauseigene Veranstaltungen sondern auch politische, wirtschaftliche Veranstaltungen, die sich mit der Thematik Energiewende näher auseinandersetzen. Das größte

Event mit dem der BEE wirbt ist der große, alljährliche Neujahrsempfang zu dem 2015 bereits Angela Merkel als Gast erschienen ist. Neben dem Neujahrsempfang wirbt der BEE zusätzlich noch mit von ihm unterstützten Workshops oder Tagungen, im Schnitt fünf pro Monat. Viele der Veranstaltungen beschäftigen sich mit konkreten Problemen der Branche und sind speziell für die Mitglieder des BEE, Journalist_innen und Interessierte aus Politik und Wirtschaft gedacht. Für einige der Veranstaltungen wird von interessierten Individuen der Erwerb von (zum Teil sehr teuren) Eintrittskarten verlangt, andere sind für Einzelpersonen überhaupt nicht zugänglich. Das bestärkt den Eindruck, dass diese Veranstaltungen lediglich dem internen Austausch und der Kommunikation von Personen der Branche dienen. Diese Vermutung wird auch von unserem Gesprächspartner bestätigt, der vor allem die Bedeutung von interner Kommunikation unter den Mitgliedern des BEE aber auch unter den einzelnen Fachverbänden unterstreicht. Dabei sei es sehr wichtig, auch interne Probleme oder Kritik zu diskutieren und neue Lösungsansätze zu finden. Einige Reden, Präsentationen und Positionspapiere werden im Nachhinein der Öffentlichkeit über die Webseite des BEE zugänglich gemacht.[134]

Vereinzelt gibt es versteckte Links auf der Webseite, welche auf die Kampagne „Erneuerbare Energien Jetzt" des BEE aufmerksam machen. Die Kampagne ist mittlerweile beendet, zum Zeitpunkt unserer Analyse im Winter 2016/17 war die Webseite zur Kampagne allerdings noch online (www.erneuerbare-jetzt.de). Diese Webseite war in unseren Augen jedoch wenig überzeugend. Die Menü-

---

[134] vgl. https://www.bee-ev.de/home/presse/mitteilungen/

leiste bestand aus fünf Symbolen (Sonne, Windrad, Erderwärmung, Wasser und Fauna) von denen zwei überhaupt keine Aktion ermöglichen und zwei auf die Webseiten von anderen Initiativen weiterleiteten. Der einzige Button, der interaktiv funktionierte, leitete auf die Startseite zurück. Auf der Startseite war ein Abgeordnetencheck bei dem man die Positionen zu erneuerbaren Energien der Kandidaten der Abgeordnetenwahl 2013(!) überprüfen konnte. Im Anschluss konnte Abgeordneten eine e-Card gesendet werden. Dieses Tool vermittelte den Eindruck, dass Abgeordnete durch das Verschicken eines digitalen Grußes dazu bewegt werden sollten sich vermehrt für erneuerbare Energien einzusetzen. Bei der zweiten Kampagne „Keep on Track!" geht es darum, die Entwicklung der erneuerbaren Energien auf Länder- und EU-Ebene darzustellen. Im Gegensatz zu der informativen Webseite des BEE selbst, fehlt es beiden kampagnenspezifischen Webseiten an Informationen über die Projekte und deren Inhalte.

In den vergangenen Jahren sind auch soziale Medien immer wichtiger geworden und auch Unternehmen und Verbände präsentieren ihr Profil dort. Hierbei muss im Einzelfall entschieden werden, welche Kanäle bespielt werden, und welche Chancen und Möglichkeiten sich daraus für die Erreichung bestimmter Bezugsgruppen ergeben. Der Bundesverband hat sich dafür entschieden einen Twitter sowie einen YouTube Kanal zu verwenden, distanziert sich jedoch von einem Facebook-Kanal. Unser Interviewpartner begründet dies damit, dass das vorrangige Ziel darin besteht Politiker_innen und Journalist_innen über aktuelle Entwicklungen auf dem Laufenden zu halten. Dafür sieht er ein höheres Potenzial auf Twitter. Facebook richte sich an Einzelpersonen, eine Akteursgruppe, die der BEE nicht explizit ansprechen möchte. Youtube ist für den BEE bislang kaum von Bedeutung. Der Twitteraccount wird regelmäßig aktualisiert und wird vorrangig für den Kontakt mit Multiplikatoren und Politiker_innen verwendet. Das Profil besteht seit Juni 2010 und hat 5.138 Follower. Der BEE selbst folgt 2.782 anderen Accounts.[135] Etwa alle drei Tage erscheint ein neuer Tweet des BEE. Dabei geht es meist um kommende Veranstaltungen, Neuigkeiten in der Debatte um erneuerbare Energien sowie Re-Tweets von anderen Verbänden, Organisationen oder Geschäftspartnern in der Branche. In Einzelfällen, bei wichtigen Ereignissen oder einer nahenden Veranstaltung, wird der drei-Tage-Rhythmus verändert.

Zusammenfassend lässt sich sagen, dass der BEE eine Reihe an sehr fokussierten Maßnahmen nutzt, um mit seinen primären Bezugsgruppen in Kontakt zu treten und zu bleiben. Bei eingehender Betrachtung wird der starke Fokus auf Politik und Multiplikatoren wie Journalist_innen noch deutlicher. Eine sehr wesentliche, wenn nicht die wichtigste, Position nehmen dabei die Gespräche und Arbeitsgruppen ein, die der BEE leitet oder veranstaltet. Diese sorgen für den Kontakt mit der Politik und bieten Diskussions- und Austauschmöglichkeiten. Jedoch auch die Webseite mit den dort veröffentlichten Publikationen und die Sozialen Medien sind wichtig für die Repräsentation des BEE nach außen.

Bewertung und Handlungsempfehlungen

---

[135] BEE e.V. @BEEmerkenswert. https://twitter.com/beemerkenswert. Stand: 27.07.2017

Nach intensiver Recherche und Auseinandersetzung mit dem BEE kann insgesamt eine klare Linie in den Kommunikationsmaßnahmen des BEE gesehen werden, die eine konsistente öffentliche Rolle des BEE als Wirtschaftsverband unterstreichen. Der BEE möchte durch Lobbyarbeit vor allem die Politik und einzelne Fachgruppen erreichen. Er bietet sich als Informationslieferant und Netzwerk der Mitglieder an, um seine Funktion als Dachverband zu erfüllen. Es gibt eine hohe Informationsdichte auf allen gewählten Kommunikationskanälen, die es Laien zunächst erschwert sich zurecht zu finden. Stilistisch ist der Fokus auf Inhalte gesetzt, dies jedoch in einer einheitlichen Form. Um die Branche zu vertreten müssen Entscheider und Multiplikatoren über die Aktivitäten des Verbands informiert werden. Um die Öffentlichkeit und das politische Umfeld zu erreichen, muss der BEE sich kontinuierlich in öffentliche Debatten einbringen und Position im Namen seiner Mitglieder beziehen.

Die (mittlerweile beendete) Kampagne „Erneuerbare Energien Jetzt" fällt jedoch in der Analyse der Kommunikation des BEE stark heraus. Inwiefern eine Änderung der Zielgruppe hier strategisch geplant war, erschließt sich für uns nicht. Die ansonsten konsequent durchgezogene Kommunikationsstrategie ist in dieser Kampagne nicht zu sehen. Auch der Youtube Kanal schien noch nicht in das Konzept der Strategie integriert zu sein. Die Kampagne zielte auf Verbraucher_innen als Bezugsgruppe ab, eine Ausnahme in der Kommunikation des BEE. Vielleicht wirkte die Kampagne daher nicht überzeugend.

Die Funktion als Dachverband übt der BEE auf inhaltlicher Ebene mit großer Bemühung aus und führt das Networking und das Future Screening als seine Hauptaufgaben an. Es wird jedoch auch erkennbar, dass der BEE keine Strategie um über die Branche und ihre einzelnen Mitglieder zu berichten, diese also als individuelle, wirtschaftliche Akteure in Deutschland sichtbar werden zu lassen. Der BEE vertritt die Interessen *aller* seiner Mitglieder, wie es die Rolle eines Dachverbandes vorsieht. Jedoch betreibt er keine verbandsübergreifende Kommunikation nach außen. Konkret auf Nachhaltigkeit bezogen existiert keine Strategie, da der Begriff gemieden wird. Zu den damit verbundenen Thematiken muss(te) der BEE sich bislang nicht äußern und hat auch nicht vor dies zu tun.

Basierend auf den festgestellten Widersprüchen in der einheitlichen Durchführung der Kommunikationsstrategie sollen im folgenden Handlungsempfehlungen für den BEE ausgesprochen werden. Generell kann gesagt werden, dass auch wenn der BEE das Wort „Nachhaltigkeit" meidet, der Gedanke von Nachhaltigkeit als Prinzip in der Kommunikation zu den Bezugsgruppen überall erkennbar ist. In der Analyse der Kommunikationsstrategien konnten die Bezugsgruppen leicht identifiziert werden. Handlungsempfehlungen ergeben sich aus unserer Sicht hauptsächlich aus dem Bereich des Einsatzes und der Umsetzung von einzelnen Kommunikationsmaßnahmen.

Der für uns am kritischsten zu bewertende Punkt bezüglich der Webseite des BEE ist die Tatsache, dass diese nur ansatzweise ins Englische übersetzt wurde. Da der Bundesverband auch auf Europaebene agiert, sollte seine Webseite auch zumindest in Englisch vorhanden sein. Dies ist jedoch nicht der Fall. Es muss nicht grundsätzlich jeder Inhalt übersetzt werden, wenn dieser z.B. nur für Deutschland relevant ist. Da der Dachverband es aber als seine Aufgabe ansieht, die erneuerbaren Energien in Europa voran zu treiben, könnte man erwarten, dass zumindest die Hauptrubriken der Navigationszeile übersetzt wären. Dies ist jedoch nicht der Fall.[136]

Es ist auffällig, dass der BEE auf der Webseite vor allem sehr viel Information rund um erneuerbare Energien als Branche anbietet. Die Informationsdichte spricht auf einer Seite natürlich für die Expertise des Dachverbands, jedoch wirkt die Webseite auch schnell unübersichtlich und ungefiltert durch die Masse der Angebote. Eine kleine Einarbeitung in das System der Webseite ist nötig, wenn man auf der Suche nach Informationen ist. Dies ist sicher nicht nur für Laien oder allgemein Interessierte von Nachteil und kann schnell abschreckend wirken.

Die Kampagnen des BEE „Erneuerbare Energien Jetzt" und „Keep on Track" sind sehr schlecht auffindbar. Im Folgenden soll besonders auf die auf Deutschland begrenzte Kampagne „Erneuerbare Energien Jetzt" eingegangen werden. Die empfohlenen Schritte zur Optimierung des Erfolgs können jedoch auch auf das europaweite Projekt „Keep On Track" übertragen und angewandt werden.

Die Webseite der Kampagne passt als Kommunikationsmaßnahme wenig in das bisher analysierte Bild der Kommunikationsstrategie des BEE, die sich nicht an interessierte Einzelpersonen oder Individuen wendet. Richtet sich die Webseite des BEE an bereits in der Energiebranche etablierte Unternehmen, Bürgerinitiativen, Verbände und politische Organisationen, zielt „Erneuer-

---

[136] vgl. www.bee-ev.de/english

bare Energien Jetzt" darauf ab einzelne Bürger_innen zu mobilisieren. Die Plattform ist generell schwer zu finden und wird wenig vom BEE präsentiert und nach außen vermittelt. Das macht es nahezu unmöglich, dass interessierte Einzelpersonen den Zugang zu der Kampagne finden um die dort angebotenen Funktionen zu nutzen. Der Inhalt der Webseite ist wenig umfangreich oder informativ. Das Abfragen der Meinungen der Abgeordneten und das Versenden der e-Cards ist die einzige interaktive Funktion der Webseite. Unsere Empfehlung zur Verbesserung der Kampagne ist die Optimierung der drei genannten Schritte in umgekehrter Reihenfolge. Zuerst sollte der Inhalt der Seite aktualisiert und vervielfältigt werden. Die Kampagne wäre eine gute Möglichkeit um den BEE gegenüber einzelnen Interessierten zu präsentieren. Dies scheint ja auch die Intention hinter der Kampagne zu sein. Informationen, die der BEE bereits hat, könnten auf dieser Plattform in gekürzter Form und für die Allgemeinheit verständlich gesammelt werden, um auch Einzelpersonen für das Thema erneuerbare Energien zu gewinnen. Danach sollte der Zugang zu der Webseite erleichtert werden. Die Kampagne hätte dann das Potential stärker auf der Webseite des BEE verlinkt zu werden und damit die Chance, Anlaufpunkt für Menschen zu werden, die sich für erneuerbare Energie interessieren. Die Intention der Kampagne, einzelne Menschen für erneuerbare Energien zu begeistern, könnte durch die Optimierung dieser drei Punkte erfolgreich umgesetzt werden.

Eine weitere Kommunikationsmaßnahme für die wir eine Handlungsempfehlung aussprechen ist der Ausbau des Youtube Kanals des BEE. Der Kanal verfügt offensichtlich über eine sehr geringe Reichweite (23 Abonnenten, Stand 27.07.2017) und wird auch nur wenig bespielt (insgesamt

8 Videos online). Der BEE könnte diesen Kanal weitaus stärker benutzen, um auch gegenüber der allgemeinen Öffentlichkeit sichtbarer zu sein, beispielsweise durch Portraits und Aktivitäten einzelner Mitglieder. Die Absicht des BEE in sozialen Medien präsent sein zu wollen, scheint uns sinnvoll. Jedoch sollte dann auch ein Konzept für den Umgang und den Einsatz der gewählten Social Media Plattformen gegeben sein. Wir empfehlen daher eine Strategie zu entwickeln um diesen Kanal interaktiv und informativ zu nutzen um die allgemeine Öffentlichkeit anzusprechen.

Fazit

Der BEE als Vertreter und Dachverband der erneuerbaren Energiebranche wird zunächst, ohne genauere Kenntnis seines Aufgabengebiets, als ein nachhaltiger Verband wahrgenommen. Schließlich setzt er sich bereits dem Namen nach für ein durch und durch nachhaltiges Ziel ein: erneuerbare Energien.

Bei eingehender Betrachtung der Kommunikation des Verbandes offenbart sich jedoch schnell, dass dieser selbst den Begriff Nachhaltigkeit meidet. Durch intensive Recherche wird klar, dass der BEE Nachhaltigkeit nicht kommuniziert. Der BEE möchte als Wirtschaftsverband für erneuerbare Energien angesehen werden, der ein an sich nachhaltiges Ziel verfolgt. Aufgrund dieser bereits nachhaltigen Position des Verbandes, sieht er keine Notwendigkeit sich gegenüber der Gesellschaft profilieren zu müssen und Berichte zu eigenen Nachhaltigkeit abzugeben. Nachhaltigkeitskommunikation stellt daher keinen Teil der strategischen Kommunikation des BEE dar.

Der BEE versucht mit seiner Kommunikation Wirtschaft und Politik ein Forum zu geben, in dem diskutiert und debattiert werden kann, um schließlich die Modernisierung des deutschen und europaweiten Stromnetzes voranzubringen. Der BEE bildet dabei die Meinung der Branche ab und hat es sich zum Ziel gesetzt, neue Lösungsansätze für Probleme zu finden und die Politik auf die Vorteile der erneuerbaren Energien für die Wirtschaft aufmerksam zu machen. Der BEE als Dachverband bildet also die Stimme für erneuerbare Energien auf Bundes- wie auf Europaebene. Dabei klammert der BEE Probleme oder Kritik, die mit den einzelnen Formen der erneuerbaren Energien aufkommen, bewusst aus und richtet sich auch nicht an die Gesellschaft um dort ein Forum für Diskussion zu bieten.

Ein Bruch in dem Fokus auf Politik und Wirtschaft findet sich in der Kampagne „Erneuerbare Energien Jetzt", welche sich an Einzelpersonen richtete und sich damit stark von den Hauptbezugsgruppen des BEE, Politik und die Branche der erneuerbaren Energien, absetzt. Auch für die kommende Bundestagswahl 2017 wird der BEE wieder eine Kampagne durchführen, diese wird sich jedoch grundlegend von der vorherigen unterscheiden, wie wir im Interview erfuhren. Die neue Kampagne wird, wie die gesamte strategische Kommunikation des BEE, auf die Politik fokussiert sein, versuchen diese zu beeinflussen und sich nicht mehr an Individuen richten. Dieser Strategiewechsel erscheint anhand der restlichen Kommunikation des BEE sinnvoller als eine plötzliche Änderung der Bezugsgruppen.

Neben der Analyse der Kommunikationskanäle, ihrer Vor- sowie Nachteile, im Bezug auf die wichtigsten Bezugsgruppen des BEE, wäre es eine Überlegung im folgenden Schritt die tatsächliche Qualität der Kommunikationsmaßnahmen zu analysieren. Welchen Einfluss kann der BEE tatsächlich nehmen und wie nimmt die Politik den Bundesverband wahr? Durch solch eine Analyse würden sich konkrete Maßnahmen und Vorschläge zur Verbesserung der strategischen Kommunikation machen lassen, um den Zielen des BEE mehr Gehör in der Politik zu verschaffen.

Quellen

B.E.E. e.V

www.bee-ev.de/dossiers

"Dossier 01: Erneuerbare-Energien-Gesetz" www.bee-ev.de/dossiers/eeg

"Dossier 03: Erneuerbare Energien in der Europäischen Union" www.bee-ev.de/dossiers/europa

"Dossier 04: Erneuerbare Wärme und Kälte" www.bee-ev.de/dossiers/waerme

"Dossier 05: Klimaschutz" www.bee-ev.de/dossiers/klimaschutz

"Dossier Erneuerbare Mobilität" www.bee-ev.de/dossiers/mobilitaet

www.bee-ev.de/english/

www.bee-ev.de/home/

www.bee-ev.de/home/publikationen

www.bee-ev.de/home/publikationen/positionspapiere-und-stellungnahmen/

www.bee-ev.de/home/publikationen/newsletter/

www.bee-ev.de/home/veranstaltungen/veranstaltungskalender/

www.bee-ev.de/home/veranstaltungen/neujahrsempfang-2017/

www.bee-ev.de/kontakt/

www.erneuerbare-jetzt.de

www.keepontrack.eu/home/

"Empfehlungen zur Berücksichtigung der Erneuerbare Wärme bei der geplanten steuerlichen Förderung von energetischen Modernisierungsmaßnahmen" www.bee-ev.de/fileadmin/Publikationen/Positionspapiere_Stellungnahmen/20150119BEE_Positionspapier_SteuerlicheFoerderung.pdf

"Mitglieder des BEE" www.bee-ev.de/home/verband/mitglieder

"Mitglied werden" www.bee-ev.de/home/verband/mitglied-werden

"Reden zum Thema Erneuerbare Energien" www.bee-ev.de/home/publikationen/reden/

"Präsentationen zum Thema Erneuerbare Energien" www.bee-ev.de/home/publikationen/praesentationen-und-broschueren/

Twitter "BEE" twitter.com/bEEmerkenswert

"Unser Ziel: Vorrang für Erneuerbare Energie" www.bee-ev.de/home/verband/aufgaben-und-ziele/

Youtube "Bundesverband Erneuerbare Energie" www.youtube.com/channel/UCPZz_eewKEQE66euRpMUjjA

Weitere

Bundestwitter.de "Tweets über #bee" www.bundestwitter.de/thema/bee

Bundesverband WindEnergie. Wind bewegt 2016. www.wind-energie.de/shop-wind-bewegt-2016 Letzter Zugriff am 28.02.2017

Bundesverband WindEnergie. Akzeptanz. www.wind-energie.de/themen/akzeptanz Letzter Zugriff am 10.03.2017

Greenpeace Deutschland. Archiv. www.greenpeace.de/themen/meere/industriegebiet-meer/offshore-wind-muss-leiser-werden Letzter Zugriff am 10.03.2017

Greenpeace Deutschland. Themen. Energiewende. http://www.greenpeace.de/themen/energiewende Letzter Zugriff am 10.03.2017

Twitter Greenpeace. https://twitter.com/greenpeace_de Letzter Zugriff am 28.01.2017

United Nations. Sustainable Development Goals. http://www.un.org/sustainabledevelopment/energy/ Letzter Zugriff am 28.02.2017

Nachhaltigkeit Kommunizieren - Reicht das?

Ein Fazit der Herausgeber_innen

Das Konzept Nachhaltigkeit ist aufgrund seiner thematischen Vielseitigkeit schwer zu fassen. Das Drei-Säulen-Modell bietet eine Orientierungshilfe, die die thematischen Eckpfeiler (sozial, ökologisch, ökonomisch) des Begriffs aufzeigt. Dennoch bleibt das Konzept sehr komplex, da Nachhaltigkeit in fast allen gesellschaftlichen Zusammenhängen eine wichtige Rolle spielt und mit diversen unterschiedlichen Bedeutungen in Verbindung gebracht wird. Einige wiederkehrende Kontexte, in denen Nachhaltigkeit auftaucht, sind beispielsweise die nachhaltige Landwirtschaft, der nachhaltige Umgang mit Rohstoffen, das Schaffen nachhaltiger Arbeitsplätze, der nachhaltige Umgang mit Konsumgütern, die nachhaltige Vermittlung von Wissen oder das nachhaltige Wirtschaften von Unternehmen allgemein.

Diese Vielfalt an Bedeutungen ist kaum auf einen gemeinsamen Nenner zu bringen. Nachhaltigkeit oder nachhaltiges Handeln wird in der Gegenwart betrieben, um künftig davon zu profitieren und zukünftige Generationen nicht durch die Konsequenzen dieses Handelns zu belasten. Wie ernsthaft und weitreichend sich einzelne Akteure mit den Konsequenzen ihres Handelns auseinandersetzen, ist nach unseren vielfältigen Analysen sehr unterschiedlich zu bewerten. Für manche ist Nachhaltigkeit ein gänzlich anderes Modell des Wirtschaftens. Andere geben sich mit einem grünen Anstrich ihres traditionellen Modells zufrieden.

Vor allem Verbraucher_innen werden heute ständig mit dem Konzept konfrontiert und sind aufgrund der vielseitigen Auslegungsmöglichkeiten vor die schwierige Aufgabe gestellt, für sich selbst eine Definition des Begriffs zu finden. Unternehmen stehen vermehrt vor der Herausforderung Nachhaltigkeit zu definieren und in ihrer Unternehmenskultur zu verankern. Die Bestrebungen der Unternehmen fallen dabei sehr unterschiedlich aus. Das macht es Verbraucher_innen nicht leichter Nachhaltigkeit einzuschätzen. Die verschiedenen Auffassungen von Nachhaltigkeit in Organisationen, Verbänden oder Unternehmen beeinflussen nicht nur wie Nachhaltigkeit in Unternehmen integriert wird, sondern auch wie die Kommunikation nach innen und außen erfolgt.

Für Unternehmen ist die Kommunikation von Nachhaltigkeit eng an ein positives Image in der Öffentlichkeit gebunden, das Vertrauen in die unternehmerische Reputation herstellen soll. Die begriffliche Unbestimmtheit erlaubt es Unternehmen, Verbänden und NGOs sich dieses Konzept sehr unterschiedlich anzueignen, ohne dass die weitreichenden Anforderungen auf sozialer, ökonomischer oder ökologischer Ebene zwangsläufig erfüllt werden. Die einen sprechen von „nachhaltigem Gewinn" für ein Unternehmen, andere denken an soziale Gerechtigkeit, lokale Wertschöpfung oder gesunde Nahrungsmittel. Es entsteht ein Kreislauf von Unbestimmtheit, indem sich eines populären aber wenig bestimmten Begriffs bedient wird, dem durch jede zusätzliche Verwendung und Auslegung weitere Charakteristika hinzugefügt werden. Nachhaltigkeit wird zu einem symbolischen Legitimations-Potpourri diverser Begriffe und Ansätze deren tatsächlicher Wert kaum überprüft werden kann. Ob Nachhaltigkeit allein kommuniziert oder auch tatsächlich umgesetzt wird, kann letztlich nur das Unternehmen oder eine Organisation wissen. Verbraucher_innen müssen sich hier entweder auf unabhängige Expert_innen oder Journalist_innen verlassen, oder selbst recherchieren, ob eine Behauptung von Nachhaltigkeit zutrifft oder nur dem Greenwashing zuzuordnen ist.

Im Zuge dieser Arbeit haben wir uns auf die strategische Kommunikation sehr unterschiedlicher Akteure konzentriert, hierbei vor allem auf Quellen aus dem Internet und sozialen Medien. In den Fallstudien wird deutlich, dass ein gelebtes Nachhaltigkeitsideal sich auch in der Art und Weise widerspiegelt, *wie* das Thema mit verschiedenen Bezugsgruppen kommuniziert wird. Um die Kommunikationsstrategie analysieren zu können, haben wir uns angeschaut welche Instrumente zur Kommunikation gewählt wurden, welche Themen Gegenstand der Kommunikation sind, welche Aspekte der Nachhaltigkeit diese betreffen, wer damit erreicht werden soll und wie überzeugend die Kommunikation als Ganzes ist. Dabei haben wir auch unsere eigene Sichtweise unterstrichen. Schließlich sind wir als Studierende, Bürger_innen und Konsument_innen selber Adressat solcher Kommunikationen.

Online-Angebote sind jedoch nicht die einzigen Instrumnete, die zur Verfügung stehen, um Nachhaltigkeit an die Öffentlichkeit zu kommunizieren. Beispielsweise steht der BEE im Zuge seiner Lobbyarbeit hauptsächlich in persönlichem Kontakt mit diversen Interessenvertretern der Politik, aber auch mit den dazugehörigen Verbänden. Die Präsenz im Internet ist als komplementäre Informationsquelle zu verstehen. Auch das BÖLN hat durch seine Arbeit auf internationalen Landwirtschaftsmessen und in

Wettbewerbsprojekten an Schulen viel face-to-face-Kontakt mit Verbraucher_innen und Multiplikator_innen, die das Programm auf eigene Weise an Dritte vermitteln und an die breite Öffentlichkeit herantragen. Ein Unternehmen wie Tönnies dagegen bleibt eher im Hintergrund seiner Produktmarken und kommuniziert Nachhaltigkeit vor allem in Bezug auf politische Entscheidungsträger und potenzielle Mitarbeiter_innen.

Die Konzentration auf Onlinemedien hatte neben praktischen Erwägungen jedoch auch inhaltliche Gründe: Das Internet und die sozialen Medien bieten die Möglichkeit mit wenig finanziellem und personellem Aufwand ein größtmögliches Publikum zu erreichen. Deshalb haben diese Kommunikationsinstrumente eine steigende Bedeutung in der Nachhaltigkeitskommunikation von Unternehmen und Organisationen. Wer hier allerdings die dialogischen Möglichkeiten der Medien ernsthaft nutzen will, muss auf diesen Dialog auch eingestellt sein. Wer in sozialen Medien allein einen weiteren Verbreitungsweg für PR Botschaften sieht, ignoriert die Bereitschaft und den Willen seiner Bezugsgruppen sich in das Thema Nachhaltigkeit einzubringen.

Die Nachhaltigkeitskommunikation der einzelnen Unternehmen und Organisationen unterscheidet sich hier stark voneinander. Je nach Auslegung des Begriffs werden verschiedene Aspekte von Nachhaltigkeit angesprochen, in den Fokus gerückt oder bewusst nicht thematisiert. Ein Unternehmen wie KiK definiert seine Nachhaltigkeitsphilosophie basierend auf dem sozialen Aspekt, um ökonomische Nachhaltigkeit im Unternehmen zu gewährleisten. Dem liegt zu Grunde, dass sich das Unternehmen zwangsweise eine Nachhaltigkeitsphilosophie aneignen musste, um dem öffentlichen Druck im Zuge diverser Unternehmenskrisen nachzugeben. Gleichzeitig muss es aus ökonomischer Sicht sicherstellen, auch in Zukunft erfolgreich wirtschaften zu können. Das BÖLN dagegen, als staatlich organisiertes Programm zur Förderung der ökologischen Landwirtschaft, thematisiert in seiner Kommunikation hauptsächlich den ökologischen Aspekt von Nachhaltigkeit, behandelt diesen jedoch im Zuge seiner Umstellungs- und Bildungsprojekte eng verknüpft mit dem ökonomischen und sozialen Aspekt.

Durch die individuellen Auslegungen des Begriffes Nachhaltigkeit im unternehmerischen Kontext kommt es zu den unterschiedlichsten Formen der Nachhaltigkeitskommunikation. Einige davon überzeugen, da sie instrumentell gut umgesetzt sind und zur Philosophie des Unternehmens oder der Organisation passen. Andere können nicht überzeugen, da ihre Praktiken nicht an sich von einem Nachhaltigkeitsgedanken getragen sind. Hier ist Kommunikation oft inkonsistent und erscheint als unglaubwürdig. Als Fazit unserer Fallstudien und der Vorbereitung dieser Publikation sehen wir die Frage der Glaubwürdigkeit als zentral an. Bei einem Thema wie Nachhaltigkeit ist die Erwartung hoch, dass Kommunikation nicht allein zur Verbesserung eines Images stattfindet, sondern dass die Idee von Nachhaltigkeit auf verschiedenen Ebenen auch plausibel und überzeugend verwirklicht ist. Dies betrifft interne und externe Kommunikation, aber auch die Anführung von Belegen, Berichten und Kennzahlen, die nicht allein aus der Feder von Verantwortlichen eines Unternehmens oder einer Organisation selbst stammen. Unsere Analysen sollen zeigen, wie unterschiedlich die Anforderungen an den Umgang mit Nachhaltigkeit sein können, und wie strategische Kommunikation eingesetzt wird, um diese Anforderungen zu erfüllen. Wer allerdings Nachhaltigkeit nur kommuniziert ohne nachweisbar zu handeln, der wird schnell unglaubwürdig und schadet der Reputation und dem Image des Unternehmens oder der Organisation mehr, als dass er ihr nützt. Wir gehen nicht davon aus, dass alle gesellschaftlichen Akteure in gleichem Maße Nachhaltigkeit praktizieren (können). Wer dieses Ideal jedoch für sich in Anspruch nimmt, sollte sich über die Erwartung der Öffentlichkeit im Klaren sein.

Nachhaltig Lernen

Abschießend wollen wir hier auch den Prozess des Forschens zu Nachhaltigkeit reflektieren. Diese Publikation entstand im Zuge eines projektbasierten Praxisseminars an der Freien Universität Berlin im Wintersemester 2016/17. Mit der Abgabe der Fallstudien von den einzelnen Teams hätte das Seminar typischerweise sein Ende gefunden. Das Interesse an der Thematik sowie die Freude am gemeinsamen Arbeiten haben uns jedoch dazu bewogen, über den Rahmen des Seminars hinaus diese Publikation anzufertigen. Ganz im Sinne des Seminartitels "Nachhaltigkeit kommunizieren", haben wir durch diese Publikation einen Weg gefunden unser neu erlangtes Wissen festzuhalten und mit der Öffentlichkeit zu teilen. In dieser Publikation haben wir also nicht nur die Nachhaltigkeitskommunikation von Unternehmen und Verbänden untersucht, sondern selbst Nachhaltigkeit im Lernen kommuniziert und praktiziert.

Die Idee zu dieser ungewöhnlichen Zusammenarbeit wurde von Christoph Raetzsch an die Studierenden herangetragen. Es wurde ein Herausgeber_innen-Team gebildet und alle Beteiligten setzten sich erneut mit ihren Fallstudien auseinander. Eine Publikation in dieser Form aufzusetzen heißt mehr als alle existierenden Texte einfach zusammen zu werfen, ein Inhaltsverzeichnis anzulegen und dem ganzen einen neuen Titel zu geben. Seminararbeiten sind nicht für eine Veröffentlichung vorgesehen. Ihr Publikum beschränkt sich oft genug auf Freunde, Studierende und Dozent_innen. Dies soll dazu beitragen, dass Lernen in einem geschützten Bereich stattfinden kann, der nicht unmittelbar der Kritik eines Publikums ausgesetzt ist. Aber die Ergebnisse dieses Lernens können unter bestimmten Voraussetzungen sehr wohl einem Publikum zugänglich gemacht werden. Dies erfordert aber weitere Ressourcen und Energie, die im Rahmen eines einzelnen Seminars meist nicht zur Verfügung stehen.

Die inhaltliche Konzeption einer Publikation erfordert bereits vor der Bearbeitung des Manuskripts viel Zeit und Absprache. Zunächst wurden alle Hausarbeiten von jeweils einem Mitglied des Herausgeber_innenteams lektoriert, kommentiert und an die Autor_innen zurückgegeben. Neben sprachlichen Anpassungen bestand die Hauptaufgabe darin, die Texte zu kürzen und für den Rahmen der Publikation einheitlich zu strukturieren. Die inhaltliche Konsistenz der Texte stand dabei an erster Stelle, da sie natürlich weiterhin in sich schlüssig und gut lesbar sein sollten.

Besonders während der erneuten Bearbeitung unserer eigenen Texte wurde uns bewusst, wie schwer es sein kann bereits verfasste Absätze und Kapitel, die man sich in harter Arbeit Monate vorher zurecht gelegt und konzipiert hatte, zu löschen oder komplett umzuschreiben. Auch bei der Wortwahl musste darauf geachtet werden, das Vokabular konsistent in allen Fallstudien zu verwenden. Aus dieser umfangreichen Arbeit mit eigenen und fremden Texten, konnten wir lernen, dass eine Menge Sorgfalt, Geduld und eine kritische, hinterfragende Herangehensweise für ein Publikation nötig sind.

Wir wollen mit dieser Arbeit zeigen, dass durch projektbasiertes Lernen Wissen nachhaltig an Studierende vermittelt werden kann. Nachhaltiges Lernen wird vielen Studierenden seit dem Start der Schullaufbahn gepredigt, man lernt für das Leben und nicht für die Klausur. Trotzdem hat Nachhaltigkeit noch viel Potential ein integraler Ansatz in Lehrplänen und Modulbeschreibungen zu werden. Wir sind uns sicher, dass Nachhaltigkeit in der Zukunft eine wichtige Rolle in allen Teilen unseres gesellschaftlichen Lebens spielen wird. Wir sind deshalb davon überzeugt, dass es sich besonders lohnt auch im akademischen Umfeld dieses Thema anzusprechen und umzusetzen.

Diese Publikation soll zeigen, dass Lernprozesse und die kritische Auseinandersetzung mit gesellschaftlichen Themen nicht allein auf den Kontext eines Seminars beschränkt sind. Im richtigen Umfeld und mit genügend Unterstützung kann diese sehr fruchtbar sein und wertvolle Erkenntnisse für das jeweilige Fach zu Tage bringen. Akademisches Schreiben und Argumentieren können im Laufe der Zeit gelernt werden, Wissbegierde und Engagement nicht. Beides motiviert nicht nur erfahrene Wissenschaftler_innen sondern auch Studierende. Durch solche Formen der Publikation wird diese Motivation nachhaltig gefördert und belohnt.

Letzte Worte

Veggie-Mensa, Campus-Cup oder Solardächer: Dass die FU Berlin sich als umweltbewusste Universität präsentiert ist wohl kein Geheimnis. Wie viele Abläufe in Sachen Nachhaltigkeit aber im "Verborgenen" ablaufen, war mir vor unserer Projektarbeit noch nicht so klar. Spannend war es aber vor allem aufzudecken, in welchen Bereichen unsere Uni vorhandenes Potential bisher noch nicht ausnutzt. Ich glaube, das Projekt hat geholfen, uns für das Thema ein wenig mehr zu sensibilisieren und mit etwas anderen Augen über den Campus zu laufen.

Marlene Blaul

Wie soll Nachhaltigkeit *kommuniziert* werden, wenn nicht mal mehr klar ist, was *Nachhaltigkeit* überhaupt ist? Durch das Bearbeiten verschiedenster Organisationen konnten wir eine Bandbreite von Dimensionen aufzeigen, welche zu Nachhaltigkeit gehören und uns auf diesem Weg dem Begriff nähren. Besonders interessant fand ich hierbei die Auslegung der Begrifflichkeit und das Ausnutzen der Schwammigkeit in der Kommunikation. Diese Publikation bildet einen guten Abschluss für ein aufschlussreiches, praxisbezogenes Seminar. Vielen Dank an das gesamte Herausgeberteam für die gute Zusammenarbeit!

Josefine Liesfeld

Die Schnittstelle von Kommunikation und Nachhaltigkeit hat sich
als eine vielversprechende Domäne herausgestellt, die noch viel
Spielraum bietet. In diesem Sinne war es eine besondere Aufgabe,
die eigene Universität zu durchleuch- ten und aktiv als Projekt zu
bearbeiten. Noch schöner ist es, die viele Arbeit danach in den
Händen halten zu können. Bislang habe ich kaum ein Seminar
besucht, aus dem so fruchtbar etwas Handfestes ausging.

Tessa P. Meyer

Die Einen kommunizieren Nachhaltigkeit und machen *business as
usual*. Die Anderen gehen deutlich weiter, und das sieht man auch
an ihrer Kommunikation. Im Vergleich der Studien wird es sehr
deutlich. Wer Nachhaltigkeit kommuniziert, muss es ernst meinen.
Sonst wird es zur Floskel. Danke an alle für die kritische Diskussion und das Engagement. Noch nachhaltiger wäre es gewesen,
alle hätten für das Buch auch noch Credits bekommen. Das dann
beim nächsten Mal.

Christoph Raetzsch

Harte Arbeit zahlt sich aus! Die Zeit und Mühe, die von Seiten
aller Beteiligten in dieses Projekt investiert wurde, hat ein großar-
tiges Ergebnis zu Tage gebracht, das nicht nur das Potential stu-
dentischen Arbeitens widerspiegelt, sondern auch das Glück, das
man als StudentIn haben kann, wenn man im Laufe des Studiums
DozentInnen oder ProfessorInnen kennenlernt, die an dieses Potential glauben und darin investieren.

Sina Thäsler-Kordonouri

Durch die strategische Nachhaltigkeitskommunikation von Unternehmen, wird es für Konsumenten häufig unmöglich zu erkennen, ob ein Unternehmen in der Praxis wirklich nachhaltig ist. Ohne intensives Nachforschen fehlen Vergleiche zu anderen Unternehmen, als auch die Richtlinien für Nachhaltigeitssiegel im Allgemeinen. Nachhaltigkeit in großen Unternehmen scheint nach unserer Analyse mehr kommuniziert als durchgeführt.

Winona Schnellbächer, Jil Welbers, Davina Geschanowski

Das Thema Nachhaltigkeit wird immer wichtiger für Organisationen, aber auch für Privatpersonen. Daher fand ich es persönlich sehr lobenswert auch an der FU und in der Kommunikationswissenschaft dieses Thema zu behandeln. Das muss, wie man gesehen oder gelesen hat, nicht unbedingt bei der Mülltrennung enden – sondern fängt dort erst richtig an. In unserem Seminar sind wir den Spuren der Nachhaltigkeit in diversen Organisationen nachgegangen und zwar auch bei denen, die Nachhaltigkeit zu ihrem Programm gemacht haben. Und nun werden auch unsere Arbeiten in einem Buch nachhaltig verfügbar sein. Für mich hat dieses Seminar auf jeden Fall Eindruck hinterlassen, so dass ich mich weiter mit dem Thema Nachhaltigkeit und natürlich auch mit deren Kommunikation befassen möchte. In diesem Sinne – Sustain It!

Julia Nowara